시인선 47

기린 데려다주기

이 책은 <경상남도>와 <경남문화예술진흥원>의
「지역문화예술육성지원사업」에 선정되어
출판비를 보조받았습니다.

기린 데려다주기

황정자 시집

詩로여는세상

시인의 말

얼굴 위로 눈사람이 올려져 있다
멀리 있는 당신의 발걸음 따라
하얗고 창백하게 서서히 녹고 있는 눈사람

나도 누군가의 눈사람일까?

2025년 5월
황정자

CONTENTS

시인의 말 … 5

해설 | 『'기다린다는 것'의 의미 혹은 삶을 '위로'하는 방식』 … 153
　　　전 해 수 (문학평론가)

제1부 | 강

강 … 12
사람 … 14
푸른 입술들 … 16
양이 된 날 … 18
주남저수지를 걷다 … 20
빗방울을 보내는 시간 … 22
고양이가 쓰는 겨울 편지 … 24
양말이 달린다 … 26
등대를 바라보세요 … 28
입술 속 산그림자 … 30
연인들 … 32
꽃잎 염전 … 34
못의 둘레에서 … 36
통영 동피랑으로 가는 길 … 38
머그잔 … 40
택배는 파도를 타고 … 42

제2부 | 눈사람은 서서히 녹아

눈사람은 서서히 녹아 … 46
양이 오기 전, 10미터 전 … 48
시계 … 50
담배꽁초 마당 … 52
24시 빨래방 … 54
조용한 식탁 … 56
밍크담요 … 58
출렁다리 … 60
파도타기 … 62
점심코스요리 … 64
어둠에서 별이 뜬다 … 66
둥근 노란색으로 변해가는 오후 … 68
반려 소금쟁이 … 70
감 손잡이 서랍을 열면 … 72
아버지의 숲 … 74
원룸은 안다 … 77

제3부 | 수국이 건네준 아이스크림

수국이 건네준 아이스크림 … 83

살구의 마음 … 84

러너스 하이 … 86

감자, 휴면하다 … 88

달려오는 생일 … 90

낙서를 기다려요 … 92

기다리는 꽃 … 94

노인과 나비 … 96

주차금지 표지판이 된 사람 … 98

나무 의자 … 100

기다린다는 것 … 102

청보리밭에서 … 104

우리의 벚꽃 … 106

매화나무 그림자 아래 … 108

엘리베이트라는 상자 … 110

다시 날아드는 새 … 112

옷 쓰레기 산 … 114

눈보다 귀로 낚는 낚시가 더 빨라 … 116

제4부 | 기린 데려다주기

기린 데려다주기 … 120
새벽 … 122
기린을 만나는 가출 … 124
단물 빠진 씨앗 … 126
눈 뜨는 낮잠 … 128
그런 약속 … 130
낡은 캐리어 … 132
사과나무에 벌레가 슬면 … 134
소나무에 올라가 잠들었네 … 136
이명 … 138
새를 찾아서 … 140
돌탑의 행방 … 142
멀어질 복숭아 … 144
양 한 마리 지키기 … 146
풍선껌이 자라나온다 … 149

제1부

강

강

강이 흐르다 잠깐 멈추었다

차 트렁크 문에 아이스크림 메로나 봉지가 끼어있다
차의 흐름에 맞추어 발을 담그지도 차에서 뛰어내리지도 못한 그 마음에 헉헉대는

그런데 메로나가 트렁크 아래로 흘러내린 흔적
빈 봉지를 두고 어디로 흘러간 것일까?

지난여름 한 때, 트렁크 안 삽과 밀짚모자, 흙 묻은 장화와 발 잘 맞춰 흘러갔을 메로나

봄밭에 씨앗을 뿌려둔 뒤,
한참이나 가보지 못해 자꾸 뒤돌아보는 나에게
메로나는 내가 빈 봉지가 되지 않기를 바라는지

사내가 차 트렁크 문을 열어 빈 봉지를 안으로 밀어 넣는다

<

종일 어쩌지 못한 시간을 강에 가서 후 불어 넣는다
봉지 없이도 가볍게 몸을 띄운 메로나가 강물처럼 느리게 흘러간다

강에서, 메로나 맛이 난다

사람

나는 강물을 가진 사람
귀에서 강물이 흘러나온다

성* 밖, 강 물살에 씻기고 씻겨 얼굴이 희미해진 사람들이
푸르게 흘러가는 걸 본다
먼 푸르름에 젖기 위해서는
성곽을 따라 부지런히 움직여야 한다
그래야 강물의 먼 끝자락에라도 발을 담글 수 있다
강 안개에 갇혀, 한 발 늦게 흐르는 그런 숙연함으로

어두워진 바람이 강물을 스치자
한 마리의 물고기처럼 둥근 포물선을 그렸다가 얼굴을 묻고
이제 강물로 숨 쉬지 않으면
물고기도 견딜 수 없는 숨처럼 흘러간다

때로 성벽 노을이 불타오를 때면
그 불길에 몸이 흔들려 검붉어지기도
그러면 다시 그런 것들을 강바닥으로 가라앉히기 위해

희미해진 얼굴들, 그 흔들리지 않는 푸르름에 다시 몸을
적시기도
그러고 나면, 단 한 번도 타오르는 불길 속을 다녀온 적
이 없는 사람처럼
푸르른 생각들이 또 솟아오르는

늘 목마르다 푸르름에
저녁 어스름, 흐르는 존재들이 모두 희미해지고
나와 하나로 합쳐진다
강물에 입술을 적신 나는
강물이 된 사람

* 경남 진주시 진주성

푸른 입술들

꽃샘추위를 뚫고 나온 벚꽃
버스 정류장 앞에서 버스를 기다린다
갑작스레 우박 섞인 비가 쏟아진다
발을 동동 굴러도
기다리는 마음
빗소리에 섞여 사라지는

비에 푸른 입술들 쓸려간다

꽃 피어서 누군가를 기다렸던 것 같아
낭떠러지로 쓸려가면서도
이마에 손을 얹고 멀리 내다본 적이 있었던

비를 따라 가면서도
기다리던 버스가 금방이라도 올 것 같은지
푸른 입술들이 도로 위에 끝도 없는 돗자리를 깔고

벚나무 잔가지도 툭툭 부러져 내리고
<

아무도 기억하지 못할 기다림
퉁퉁 불은 입술로 쓸려가고 있다
다시는 못 올 벚꽃잎

양이 된 날

비가 폭우처럼 내린 날
내 힘껏 달려갔을 때 내 손에는 우산이 없었다

비 오는 날마다 모아 두었던 빨간 우산, 노란 우산, 파란 우산들
다 어디로 가버렸는지
나도 모를 일

양 한 마리 양 두 마리 양 세 마리
잠들기 전에
양의 수를 세어보던 끝에
온 몸에 상처투성이인 양 한 마리 남아

우산이었다가
우산이었다가
우산이 양으로 살아남는 개수는 얼마나 될까?

더 이상 씌워줄 우산이 없다고 울음 운다
당신도 운다

＜

내가 울음 울 때
당신이 유일하게 씌워주었던 흰 우산
한 마리의 양처럼 앉아 있다

밤이 깊어가도록
양 한 마리
당신의 손을 잡고 있다

이제 당신이 잡고 있던 손을 슬며시 빼도
양은 사라지지 않아

양은 우산을 펼치듯 가슴을 편다

주남저수지를 견디다

물갈대는 그와 그녀의 손바닥 만한 거리에 저수지를 그려요
저수지는 어둡게 가라앉아 있어요
무엇이 저리 무거울까요?
그의 택배 파트너 같은 젖은 물기가 많았던 걸까요?
그녀가 보낸 편지가 저수지 밑바닥에 차곡차곡
가라앉아 있어요
바람이 물갈대 은빛 붓으로 손을 그려요
철새 청둥오리 왜가리
그가 흔드는 손 같아요
그녀가 그의 손을 잡으려 해도
퍼드덕 날개가 있는 손은 잘 잡지 못해요
그런데 저수지는 점점 더 깊이 가라앉고 있어요
그가 흔들던 손도 다 가라앉고
어두워져 아무 것도 보이지 않으면
저수지를 싹싹 지워버리려 하지만
저수지 밑바닥에서 무거워진 손이
그의 손이 아직도 흔들고 있어요
그 어떤 것도 날아가지 않아요

그녀가 눈물로, 흔들어줘요

그녀에게

택배 파트너 발이 푹푹 빠진 저수지가 점점 더 가까이 와요

빗방울을 보내는 시간

마른하늘에 날벼락, 빗방울이 후드득 떨어져
응급실 베드에 누워있다

이불이 덮여있는 뱃속으로
창문은 손을 넣어본다
꺼져가는 불씨지만
아직 온기가 남아 있다

손을 만져보면 차갑다
발을 만져보면 차갑다
언제부터 이렇게 차가워 졌나

몇 시간이나 흘렀을까

남은 온기가 사라질까 봐 창문이 모루처럼
숨을 죽이고

작은 창문으로라도 키우려고 늘,
햇볕으로 두드리고 담금질 했지만

스스로 변하지 않는 한
빗방울은 태어난 그 모습 그대로

온기가 제 시간을 다한 듯
창문이 뱃속에 넣었던 손을 **빼낸다**

스스로 저 왔던 곳에서 와서
저 왔던 곳으로 다시 가려나보다

빗방울은 마르지 않은 그대로
뜨거운 햇볕 속으로 스며들어
더 넓은 바다로
온기 가득한 바다로 나아가고 있다

고양이가 쓰는 겨울 편지

굶주린 배를 움켜진 늙은 그녀
문구점 앞 모서리에 아무렇게나 버려진 검은 비닐봉지를 뜯는다
분쇄된 종이들이 빗속에 툭, 툭 튀어 나온다

허기가 꼬리를 내리는 풍경
무뎌진 발톱으로 봉지 속을 뒤적이다
누구에게도 드러내지 못한 빈 목소리

편지를 쓰기로 한다

잘게 찢겨진 울음이 허공에 흩뿌려져 비가 되는데
그녀는 목소리의 퍼즐을 맞추고 있다
어디서부터 눌러써야 할까
바람에 목소리는 흔들리는데
검은 비닐봉지는 어떤 영혼을 담고 나는지

검은 비닐봉지는 수취인 없어도 도착하는 편지
손에 잡힐 만큼 둥글게 고개 끄덕이는

<

검은 비닐봉지에는 아버지의 목소리가 담겨 있다
건드리면 금방 날아오르는 쿨럭이는 그해 겨울

찬물로 편지를 씻는다
강물에 띄워 보낸다
매일 부쳐도 되돌아오는 편지
매일 써도 즐거운 유서가 막다른 골목을 쓰고 있다

양말이 달린다

양말 속, 비에 짓물러진 발의 상처
핏빛 풀처럼 자라나

세탁기 문을 열자 더운 열기와 함께
환호성이 터져나온다 그 순간

보란 듯이 양말이 뒤집혀져
불어 터진 실밥이 너덜너덜

양말을 바로 벗어놓으면 좋을 텐데……

먹구름 둘을 숨기지 않는데도
아물기 전에는 상처를 보여주지 않으려, 버티는 발

실밥을 매듭짓자는 말에 발이 뒷걸음질 치다 울음 운다
호주머니 속 좌초된 마트 영수증에서 흘러나온 검은 해변
상처가 나는 곳으로 내몰렸다는 변명 그런 것으로는
매듭을 다 지을 수 없다는 대답과 함께
<

양말이 둥근 파도 속에서 빠른 속력으로 달려 내뱉은 상처
아래쪽으로 축 쳐진 빨랫줄에 얹힌다

아침햇살이 매듭짓지 못해
들풀로 자라버린 발의 등을 쓸어내린다

등대를 바라보세요

태풍경보가 내렸네

바다가 생각나서 피가 나고 욱신거린다면

바다는 하마였다네
하마가 입을 벌리면
어촌마을 서른 두 채, 순식간에 파도 위 두둥실 떠오르지
롤러코스터를 타고 있지

"스켈링부터 할게요"

그녀가 괜스레 집에 치석을 남겼네
 숨을 꾹 참으며 11시 방향, 침을 살짝 목구멍으로 넘기며
4시 방향
 귓속말로 파도가 말을 하네

비릿한 생선조각 같은 것들이 쓸려 내려가는데
 하마는 혀를 낼름낼름 땅이 쩍쩍 갈라지는 것 같이 핥아 버리는데

어부의 안전을 위하여
어촌마을을 두 동강 내는 부드러운 손길의 하마

다음 예약날짜를 잠시 생각 중이라면,
등대를 바라보세요

예약날짜를 말한 등대가 하마의 입을 닫아주어야겠네
결국 도망치지 못한 반 토막 난 마을이 마음에 걸려
이제 그녀를 사랑하는 집은 없네

입술 속 산그림자

저수지를 다녀간 그녀가 엄지와 검지 끝을 붙여 입술을 만들었어요
그 입술 속에 산그림자가 살아요

산그림자를 계속 바라보고 있으면 내가 아랫입술을 깨문 것처럼
풍덩 그 속으로 뛰어들 것만 같아

입 속에서 에베레스트 같은 산을 옮겨놓기도 하지만
그녀를 위해서라는……

입속에 담아두어 그녀에게 하지 못했던 말이 떠오르면
산물이 흘러들어 입술이 출렁거려요

입술 속에 다정한 말들이 얼마나 많이 쌓였으면
말이 흘러가지 못하고 다닥다닥 푸른 이끼가 되었을까

손가락만 서로 떼지 않으면 영원히 다정할 것만 같은데
나는 인연이 아니라 생각해 손가락을 떼어낼 때가 많았

어요

아카시아잎 하나씩 뗄 때마다 나의 이야기는 발끝으로 떨어지고
지금에 와서 손톱 끝에 깊게 패인 푸른 상처는 덧날지 몰라요

정오의 시간,
인연이 점점 얕아지는 산그림자 속에서도
꼼짝 않고 낚싯대를 드리운 검은 형체 몇몇
눈이 시리다

손가락 하나를 떼어내 다른 손가락 끝에 붙이더라도 그건
입술 속의 다정한 말들을 나도 모르게 내뱉어본 일

다정한 말들이 아직 사라지면 안되니까
중천에 든 해를 다른 손으로 가려 보아요

연인들

마이다스의 손*에는 누군가가 산다

대기 순번표 배부 없이도 손 입구에는 차례대로 선 대기자들의 줄
스피커에서 안내의 목소리가 흘러나온다

"올라간 분들이 내려오면 다음 대기자 분들 올라가세요"

땅에서 이어진 바다를 계단처럼 오르면 난간에 이른다
앞서 말한 누군가의 소원을 옮기느라 손은 찌거덩 찌거덩
죄 없는 발이 덜덜 떨리는
3분 이상 소원을 말하면 위험한 일

'그 누군가를 사랑하는 사람이 되게 해주세요'

소원이 바다로 떨어지지 않도록
손은 손가락을 오므린다

그 소원들이 쌓여

손이 이만큼 거대해졌는지도 모른다
그런데 손이 자꾸 바다 쪽으로 기울어지는
위로하듯 노을이 손을 붉게 감싸고

또 누군가 손 위로 올라가 소원을 빈다
바다에 묻혀버린 손의 얼굴을 볼 수 있게 해달라는

쿵쿵! 발길 내려가는 소리
그 소리가 보이지 않는 심장으로까지 이어지고 있다

* 여수 예술랜드

꽃잎 염전

노인이 어딘가로 떠나는 것처럼 자리를 잡고 눕는다 몸에서는 바닷물이 출렁거린다 햇볕이 종일 내리 쬐고 바싹 마른 몸 위로 소금만이 남는다 달디 단 소금

바다가 끝나는 지점에서, 입에 넣은 죽처럼 흘러내리는 희미한 단어 하나로 소금창고를 지었다 멀리서보면 소금꽃이 만발한 소금창고가 소금을 쌓아놓은 것으로 희미하게 보이는 이유가 되기도

소금을 작업수레에 실어 소금창고로 실어 나른다 간혹 작업수레에서 떨어진 소금에 머리를 맞는 것은 뇌졸중을 일으키기도 그렇게 한 번 더 떨어진 소금 중에는 한 번도 가보지 못한 길 난간에 서 있기도

비가 쏟아지면 빗속에 스며들어 녹기도 하고 눈이 쏟아지면 눈 속에 파묻히기도 그런 이유로 노인에게서 멀어져 간 것들이 유난히 반짝인다

이제는 눈조차 멀어 그것조차 찾기 힘든 노인, 해는 서서

히 저물고 고단함에 잠을 청한다 아직도 잊기 힘든 첫사랑
같은, 창고에 먼지 쌓이도록 두고 싶다는, 생기다 만 소금
도 눈을 감는다

　아득히 멀리서, 나무를 켜 만든 창고를 나무로 잘못 보고
날아든 꽃잎, 노인의 품에 안긴다 한여름 밤의 꿈처럼 환
하여 소금창고도 덮어버릴 기세

　노인은 순간 눈이 번쩍 뜨인다 꽃잎을 한데 모아 등에 짊
어진 것처럼 소금이 가득한 소금창고를 구부정한 등에 지
고 어디론가 가고 있다

못의 둘레에서

우리가 있는 이 곳에 못을 박자고 했어
아주 깊게
못이 단단한지 흔들어 보았어 비처럼

지금 둘러보고 있는 곳을
다시 당신과 오고 싶다고 말했어

전부 둘러볼 수 없어 못에 무언가 걸어야 했어
낡은 천 처마가 있는,
좁은 골목을 걷고 있는 나의 바짝 마른 발을 걸었어

사랑해!
그 말이 시작된 때를 떠올렸어

파 푸른 부분을 싹둑 자르고서 뿌리 쪽을 물에 담가두었어
푸른 잎이 다시 돋아나는 걸 기뻐하면서
또 싹둑 잘라 먹고서는 또 기뻐하는
우리는 사랑을 키우고 있는 것 같아
그런데 자르지 않고 끝까지 가본 적은 없었어

키우지 못한 먹구름
먹구름인 줄 모르고 비를 흘려보내지 않았으니까

그런데 파를 뿌리째 다 먹어버렸던 날
예쁘다고 들여놓은 동백나무 한 그루
자르면서 기뻐할 게 없었으니까
비를 잔뜩 머금은 먹구름이 몰려왔어
먹구름 속엔 발이 젖지 않는 우리가 있었어

비가 장마가 되지 않도록 비의 수문을 끝까지 열어 제쳤어
우리가 마구 쏟아졌어
못에서 겨우 빠져나온
박힌 비 하나

통영 동피랑으로 가는 길

동피랑에 마음이 가는지 그녀가 같이 출발하자고 했지만
어둠 속으로 가라앉고 있는 나는 서쪽 마을에 가 있다
슬픔에도 아랑곳없이 온통 블루인 곳
길을 잃어도 블루를 따라 걸으면 되는 곳
여기 있는 것이 동피랑에는 없겠지만
동피랑 벽화마을에는 있는 것이 여기에는 없는
그런 마을에 혼자

해가 나온 것도 아닌데
동피랑 서피랑
해가 지면 디피랑

 모닝스터디 참석한 그녀, 시집의 한 페이지에서 나비를 만날 것이다
 나비의 날갯짓을 따라 지금쯤 벽화마을 동피랑을 오르고 있을 것이다
 전혀 다른 벽화가 그려져 있는 좁은 골목길을 따라 동포루에 올라 멀리 통영항구를 내려다볼 것이다
 몇 년 전에 보았던 작은 어선들 이제는 푸른 바다만 두고

떠났는지 보이지 않을 것이다
  해질녘, 내려오는 길에서는 어둠이 빨리 다가올 것이다
  동피랑 해저터널을 지나 아는 할머니를 만나고 아는 길고양이도 만날 것이다
  보이지 않는 것도 보았을 터이고 보이는 것도 보았을 터이다
  다양한 블루를 만날 것이다

  여기에서든 동피랑에서든 강구안을 볼 수 있다
  몸은 서로 떨어져 있어도 블루 안

  강구안 버스킹 소리가 들린다
  동피랑 좁은 골목길 벽화처럼 다양한 블루로 살아 움직이고
  동피랑에 가보고 싶은 그런……

  어둠이 더 짙어지기 전에 나는,
  나의 블루 동피랑 안으로 발을 들여 놓는다

머그잔

숲 바깥으로 밀려난 오후가
그녀에게 물을 가득 부어

누군가 그녀의 귀에 머그잔 손잡이를 붙였다

"안녕하세요 무엇을 도와드릴까요?"

귀에서 물소리가 들려
침묵의 새싹들을 키워
새싹들이 자라는 소리

또각또각 정수기를 찾던 누군가가 목이 마른 듯 그녀를 들이킨다

새싹에 영양제를 주입한다
우리는 피를 나눈 형제보다 더한 믿음을 가졌다는
학교 책상에서 앉아 교육을 받은 것처럼
마음 속 깊숙한 곳에서부터 올라온 둥근 새싹들이 자라고
<

아직도 목마르다는 누군가가 남기고 간 말에
차마 하지 못한 말들이 입안에 맴도는

머그잔은 감정 노동자의 푹 패인 눈동자

머그잔에게 사과해야 할 사과 사과라고 생각하면
조금 깎다 만 사과 껍질이 빨갛게 된 귀를 감싸주고 있다

텅 빈 귀를 만지작거린다
비가 오는 날이면
키 낮은 마루에 앉아 비를 받아두기도
빗소리도 눈물처럼 키울 수 있다는

 머그잔 안 검은 물때처럼 얼룩진 마음이 잘 지워지지 않는데
 침묵의 새싹은 더 크게 자라난다
 물을 붓기 전,
 미리 깎아놓은 사과껍질을 귀에 두르는 날들이 많아지고 있다

택배는 파도를 타고

등에서 물이 흘러내릴 이유가 없어

뒤돌아 누우면
한 번도 가본 적 없는 해변의 모래가 손에 만져진다
파도가 치다만 흰 거품을 입에 물고
눈을 감고 엎드려있다

"택배요"

현관문 안에서
누군가
걸어 나오는 소리가 들리고

4호 복도에
언제 왔는지도 모를 택배 물건들이 쌓여 있다
거대한 파도에 떠밀려온 듯
칭칭 감긴 테이프를 뜯어내고 박스 하나를 열면
짐승 한 마리 납작하게 엎드려 있을 것 같아

<

조금이라도 기운을 차리면
금방이라도 날카로운 이빨을 드러내며 달려들 짐승
상상만 해도 정말 싫다 싫어
얼른 다시 바짝 엎드린다

언제까지 물건을 저렇게 두나요?
이렇게 물어 보는 게 맞지만
그녀는 묻지 않는다
혼자
울타리 없는 관객이 된다

집 비번을 자꾸 잊는다
아니 잊어버린 것도 잊는다
나이 들어 쓸모가 없다는 생각이 자꾸 들 때
그녀도 파도의 어딘가로 떠밀려간
누군가의 택배 물건일까?

파도가 친다
다시 택배들이 밀려들어오고

＜

현관문 아래로 물이 조금씩 흘러나온다
말랐던 몸이 다시 젖어든다
비번이 기억나지 않는 게 맞아

등에서 물이 흘러내린다
그녀는 오늘도 살았다

제2부

눈사람은 서서히 녹아

눈사람은 서서히 녹아

눈이 내린다

열린 문틈으로
엄마의 이불이 흔들리고
뱃속에 든 애기처럼 웅크리고 누워있다 일어나기를
하루에도 수십 번

멀리 있는 아버지를 찾고 있다

딸이 떠먹이는 흰죽,
아버지를 끝내 삼키지 못해 흰죽이 흘러내린다

엄마의 얼굴 위로 눈사람이 올려져 있다
아버지 가는 발걸음 따라
하얗고 창백하게 서서히 녹고 있는 눈사람

나는 꽃을 피우고 있단다

똑 똑 병실을 두드리면

꽃을 뿌려놓은 것이란다

아버지, 꽃을 밟고 지나가신다

조용히 기다려 주렴
살짝
한 걸음 물러나주렴

양이 오기 전, 10미터 전

양이 온다는데 조금만 더 기다리면 올 것 같은데
양이 오고 있다 양이 오고 있다
그런데 양은 늦어지고 있다
양이 늦어지는 동안
양이 오고 있는 곳을 바라본다

하와이다 하와이가 휴양지라고 누가 말했나?
허둥지둥 양털이 춤을 추고 있다
공중을 떠다니는 콤팩트에서 떨어지는 분가루들
재채기가 나오는 그런 곳
검정 눈썹은 그래 반달로 그려야지
가방 속에 뭘 넣을지 또 궁금하지
풀을 뜯거나 어디든 부지런히 다니려면 무엇이든 필요할 거야 이것저것
밖이 영하야 양털 목도리도 양털 모자도 그리고
내 감기약 정도는 챙겨와야지 아마 더 챙길 건 없을 거야

네 개의 다리로 약속 장소로 가는 길 두고 온 것이 생각날 거야 휴식

왜 이제 생각해 낸 거야 휴식
가지러 다시 돌아가야 하는 거야 휴식
하와이가 휴양지인 걸 잊지 마
바로 저기가 약속 장소이더라도

그래 필요해 늦더라도 꼭 필요한 것을 챙겨 와야 해 휴양지 하와이에서……
그것도 잊지 말자
그 사람의 말씨 그 사람의 온도 그 사람의 기분 그 사람의 아이 그 사람의 빗방울……
양을 기다리는 나를 만나기 위해서라도

시계

생일날, 계단 아래에서 곰돌이를 선물 받았지

조용히 해야 하는 곳으로 와서
조용히 하다 보면 시계처럼 앉아 있지
책상 위에도 앉았다가 벽 선반 위에도 앉았다가

내가 떨어지지 않게 옆에서 나를 껴안고 있는
곰돌이를 사랑으로 여기며

조용한 생활은 좀처럼 익숙해지지 않지
조용하게 조용한 시간
가슴에 손을 얹어보면
째깍째깍
아무리 조용히 해도 심장이 뛰는 걸

나는 조용히 하다 눈을 뜨고 잠들어
그러다 꿈꾸는
꿈속에서야 겨우 조용히 다른 곳을 다녀오고
<

그런 날은 심장이 너무 빨리 뛰지
나도 누군가에게 심장 뛰는 일을 하고 싶다고 말하고 싶은 걸
꾹 참느라 머리가 어지러울 정도야

사랑할 시간은 얼마 남지 않았어 제 시간에 늦지 않도록
내가 나에게 말을 걸지

곰돌이가 슬며시 웃어
때로는 까르르 웃어

곰돌이가 계단 위에 한 발을 올리고
시계 알람이 쉼 없이 울리고

담배꽁초 마당

여기는 마구 던져도 되는 곳이야
맨 밑바닥까지 내려가는 곳이니까

골목 안에 그어진 흰 선
그 선까지가 담배꽁초 마당이다

검은 패딩 몇몇이
서로 다른 곳을 바라보며
흰 연기를 뿜어내고

여기서부터 숨을 참아야 해!
하나 둘 셋 하면 뛰는 거야

흰 선에 물려있던 담배꽁초 하나
구두 발바닥을 뒤집으며 말한다
너도 잠깐 그랬어!
공시 학원 다닐 때는

함박눈이 내리는 날이어도

시험이 며칠 남지 않은 듯
초조한 꽁초 하나가 포물선을 그린다
꼭 비 온 뒤의 무지개 같다
바닥을 한 번도 밟아본 적 없다는 듯이

잠깐이야!
오늘의 햇살 하나가 검정패딩 위로 퍼지는데

햇살은
이 마당을 벗어나지 않기 위해
오후 내내
안간힘을 쓴다

24시 빨래방

오래된 초록 대문과 창문이 있는 좁은 골목길
숲이라 생각하는 사슴이 있어

숲 내음 없는,
다 타버린 검은 숲에서는 살기 힘들어
북극 먼 곳에서부터 달려온
흰 사슴

밤늦은 퇴근 길,
어두운 골목에 들어서면
누군가의 옥상 빨랫줄에 널린 흰 셔츠
명치 끝에서 말라가고

24시 빨래방 불빛 환하다
사슴이 쉼 없이 빨래를 돌리고 있다

밤늦게까지 일을 해도
살림이 조금이라도 나아지지 않으면
나도 사슴에게 빨래를 맡겨볼까?

그러면
나도 환하게 빛이 날까?

느닷없이 소나기가 며칠씩 내리기도 하지만
아무리 뒤적여 봐도 나의 빨래는
숲 내음 나는 것이 없어

24시 빨래방 불빛이 꾸벅꾸벅 졸고
빨래를 기다리던 사슴도 꾸벅꾸벅 졸고

한순간 골목길 내음이 푸르게 깊어지던 때
미처 빨래통에 넣지 못한 나
빨래가 다 된 것처럼
성큼성큼 숲 속으로 발을 들여놓고 있다

조용한 식탁

미역국에 밥을 마는데
아이의 방은 아직 식탁 먼 시간으로 떠밀려가 있다
튜브를 타고 먼 수평선에 턱을 괸 아이
한가로이 바다에 떠 있는 듯
수저를 들 때마다 손을 흔든다
미처 버리지 못해 현관 앞에 수북이 쌓인 택배 상자가
반찬으로 나와 있고
할 일 없는 젓가락 따라 광고용 잡지의 여인이
한 쪽 다리를 구부리고 있다
식사가 늦어질수록
젖은 손수건 한 장이 눈앞에서 점점 커져가고
흐릿해진 밥 대신 손수건을 집어삼키는 이층
쿵쿵쿵 심장을 내리 찧는 소리
바다는 문을 닫는데
순간, 아이의 방은 출렁인다
밥은 먹어야지
어젯밤 냉장고에서 나와 있던 아이가 반찬으로 놓이고
식탁에는 고깃배 한 척 뒤집혀져 있다
누가 파도가 되어야할까

엄마가 나서줘야 할텐데

아이를 하나 더 낳아야겠다고 입으로 중얼거리다

바다에서 주걱을 스윽 꺼낸다

식탁에서 오래도록 머물다

검은 모래를 토해내고 있는 조개를 줍다가

식어버린 식탁으로

엄마가 아이가 가지런하게 차려진다

밍크담요

홀씨도 없이 꽃이 봉오리째 져 버릴 때
화병 속의 물을 가는 것만큼 가슴 저밀 때가 없다

낡고 오래된 장롱 속,
습한 냄새에 눈빛이 상한 짐승 한 마리 살고 있다
햇빛이 비치는 방바닥으로 끌어 내리면
손바닥으로 털을 쓸어내리며
오랜 잠에서 깨어난 것처럼 기지개를 켜는
눈빛이 순한 벌레들과 식구들을 돌보던 짐승

언젠가는......
우리 언젠가는......

그런데 식구들의 입김이 아직까지도 낯설다고, 가슴 아픈 이야기

언젠가부터 가난은 이해할 수 없는 잠꼬대를 한다
꼭 나를 따라 다닌다
이사를 하면 꼭 비가 온다고

불길한 징조는
이삿짐 트럭이 빗물을 잔뜩 머금은 짐승의 새끼를 낳기
도 하는

살던 동네에서 점점 멀어져만 간다
뿔뿔이 흩어진 식구들
빈속을 꾹꾹 눌러
식구들의 사진이 담긴 액자를 안고

힘없이 꼬꾸라지는,
봉오리

추위에 떨고 있는 짐승 한 마리
악착같이 내 목까지 끌어당긴다

산채로,
따스한 먹이가 되어
다시 일어날 짐승에게
잡아먹히고 있다

출렁다리

출렁다리가 산을 움직인다

한겨울에 겨울비라니 그것도 소화시키지 못한 나를 이끌고
봉명산이 만들어놓은 데크 계단
한 발 한 발 짚고 올라가다보면
출렁다리 입구에 도착한다
유리바닥을 딛고 아래로 내려다보면
주흘산과 문경 읍내 평탄한 농경지와 조령천이 흐르고
누군가 출렁다리를 흔든다
그 틈을 타 조랑천의 물을 끌어올리고 있는 출렁다리
하천을 물줄기 삼아 자식을 키우는 아버지가 걸어나온다
산에 올랐다고 정상은 아니다
산과 산 사이 하천이 흐르는 곳이 많다
산 이 곳에서 저 곳으로 건너가는 꿈을 쫓을 때마다
다리를 놓아준 아버지
내 막힌 속도 뻥 뚫어주었다
하루가 저물어갈 즈음
다리를 만들다 자신도 모르게 다리가 되어버린 아버지

겨우 남은 습한 이끼들이 아버지의 굽은 등을 쓸어내린다
늦은 밤, 어둠 속 다리처럼 서성이는 아버지
밤새 마른기침을 해대느라 밤을 하얗게 새고는
아침에는 어김없이
내 얼굴 턱밑까지 다리로 놓여
출렁다리 위를 걷는다 걷다보면
누군가 걸어갈
보이지 않는 출렁다리가 놓이고 있다

파도타기

침묵이 무언가를 찢고 있다

원룸 계단 아래,
주인이
달그락 달그락 깡통 쌓는 소리

높이 쌓아올린 깡통은 거대한 파도
언제 떨어질지 모르는 침묵

파도가 몰려오고 있다
그녀가 밀린 설거지를 하다말고
수돗물을 잠그면
서퍼랜드에 당도한다

발뒤꿈치를 들고
서핑보드를 탄 그녀
깊숙이 넣어두어 유통 기한 다 된
통조림 뚜껑을 따면
파도에 올라탄다

<
그녀가
매일 타는 서핑보드인데도
벼랑 끝에 서면
손에서 놓쳐버린다
침묵하는 밀린 월세

서핑보드가 방을 둥둥 떠다니는 동안

달그락거리는 소리 멈춘다
그녀의 손이 길어진다
거대한 파도에서 미끄러진 깡통이
방문 틈에서 흘러나와
계단 아래로 떨어지고 있다

점심코스요리

키 작은 나무라고 생각했는데
지난 밤, 나무속에서 한숨도 못 잤다는 가시고기가 나와
자신의 등에 돋아난 뾰족한 가시를 가다듬더니

시시한 사랑이야기를 건넨다

새끼 가시고기가 태어나고
또 새끼 가시고기가 태어나고
그러고도 아직 태어날 가시고기가 많은

사랑이야기는 점점 더 길어지고

나는 고개를 끄덕이다 고개를 숙였던 탓인지
키 작은 나무는 점점 더 작아 보여

점심 코스 끝에 나온 매실차
매실차를 조금씩 나눠 마셔야겠다는 생각이 들었던
병아리처럼 한 모금씩 마시다가
한 모금을 입안에 넣고는 천천히 넘겨

<

새끼 가시고기가 또 태어나고

매실차를 한 잔 더 주문해야하나?
그런데 나무가 점점 더 작아져
자신이 보기에 더 이상 숨을 곳이 없다고 생각했던지
가시고기는 나무속으로 그 새끼들을 데리고 들어가 버린다

한순간, 나무 둥치가 심하게 흔들려
언제 가시고기가 가시를 세웠는지 아무도 몰랐지만
나무는 시시한 사랑이야기를 키우고 있다

어둠에서 별이 뜬다

웅 소리 나다 멈춰버린 곳에는
고개를 들게 하는 힘이 있다
다시 제 하던 일 수습하느라 고개 숙이는 사이
냉장고에는 어둠이 스며들어
뜨거움을 덮던 찬 기운도 잠재운다
어둠이 눈을 뜬다
별이 하나 둘 떠오른다
어둠에서 별이 뜬다
목이 말랐던,
시장 끼 느꼈던,
고개가 다급하게 문을 열 때마다 환하게 태어난 별들
그런 별들 하나하나 저장해 두었던 것
손에 들려준 어머니의 반찬통
그 때 생겨났던 큰 별
명치에 품었던 밥처럼 따듯하다
큰 별은 신선해서 잘 상하지도 않는데
큰 별을 보고 있으면
서류뭉치에 파고드는 찬 기운도 견딜만하다
수습에 뺏긴 허한 기운이 밀려오는 시간

다시 웅 소리가 나고 고개가 냉장고 문을 연다

눈이 서로 마주 친다

바깥쪽에 있어 살짝 건들기만 해도 떨어져 내릴 것 같은 반찬통

구조대가 늦어지고 한순간

유성별처럼 떨어진다

무릎을 구부렸다 일어설 때 고개가 받을 수 있도록 시간을 연장한다

허기가 가시지 않아도 빛이 난다

수습하는 일에 별의 수를 늘리고 있다

둥근 노란색으로 변해가는 오후

아침 거른 빈속이
봄꽃 보러 가자는 여동생 부부를 얼른 따라 나선다

여동생은 강황을 넣은 밥이 맛있다고 한다
눈으로 먹는 맛

언덕에 개나리꽃이 핀 것처럼 노랗겠구나!

노란 것들만 눈에 들어온다

자식 생일을 잊은 것을 뒤에 알았다
노래진 얼굴을 누가 보겠구나!
얼른 얼굴을 두 손으로 감싸는데
손에는 노란 물이 흘러나온다

만지는 것마다 노래진다

이참에
새파래진 아침을 주물럭거린다

풀색이 나온다
새파란 편도 노란 편도 들지 않겠다는 듯
서로 팽팽한

오후가 깊어질수록
새파랬던 마음이 둥근 노란색으로 변해간다

반려 소금쟁이

입 안에 소금쟁이 한 마리 키운다

한 번도 키우려고 사온 적은 없지만
국 간을 볼 때마다 폴짝폴짝 튀어나온다
어머니의 입맛으로부터 살아나왔다
팽그르르 세치 혀 밑에서 늘 진을 치고 있는

아픈 위를 움켜잡으며 이제는 끝이야 끝
그런데 다음날이면 또
밤새 쌓아올린 소금산을 퍼 나르는 소금쟁이

김치찌개에 들어가 노는 걸 본다
소금 간을 세게 했던지 슬금슬금 눈치를 보며
흰빛 머리를 조아리는

입 안에 군침이 돌게 한다
짠맛에 길들여진 혀 어디든
따라갈 모양이다
숟가락을 내려놓는다

<

소금쟁이 한 마리 입 안에서 꺼내 목줄을 맨다
한 마리의 강아지처럼

풀숲 산책을 나선다
소금쟁이 지나간 곳마다
소금꽃이 핀다

감 손잡이 서랍을 열면

김달진 생가 마당,
감 손잡이를 단 서랍장 하나 들였다
그 중 여름 내내 손이 많이 갔던 서랍 하나를 열어

며칠 전, 여름이 보내달라던 푸른 잎사귀들 정리해 보내주고 남은
지금도 여름이 가끔 다니러 와서 잎사귀에 푸른 물이 돌기도 하는
불그스름한 잎사귀 털어내는 일

집채 그늘만한 나의 감나무 마당 여기저기
크기가 어른 손바닥만한 잎사귀들
이리저리 뒹굴어

잎사귀를 끌어 모아 한 쪽에 제쳐두고
텅 빈 마당에 홀로앉아
비어있는 서랍에 무엇을 채워야하나

서랍장 허리에 묶어두었던 가을 시 적힌 현수막이

바람에 날리고 있어
현수막을 걷으려는데
손을 뻗어 끝까지 뻗어도 닿을 수 없는
서랍에 다 담을 수 없는 것들
바람에 날아가고 있어

택배는 잘 도착했겠지 겨울이 오면 가을을
봄이 오면 겨울을 여름이 오면 봄을
택배로 보내야하는 그런 일들……

겨울에게 변경된 주소를 물어 봐야겠어
마당은 늘 계절로 가득 차
한 번도 가보지 못한 계절로 가득 차
택배 보낼 가을 서랍을 열다
당신이 보내준 편지를 모아둔 서랍,
감은 떨어져버리고
감꼭지만 남은 손잡이를 당겨본다

아버지의 숲

아파트 정원, 오래된 소나무 한 그루
절뚝거리는 다리 때문에 숲에 한 번 가보질 못했다
숲은 어떨까 생각하다 그만 솔방울을 떨구었다
지나던 떠돌이 개 위로 떨어져

사람들은 시끄럽다며 개 짖는 소리에 문을 닫았다
똥 냄새 나는 것도 손사래를 치는
마을을 떠돌던 개는 더더욱……

머리 위 상처를 만지던 개는 겨우 그곳을 기억해냈다
 도무지 지워지지 않던 아파트 경비원의 발자국이 머물지
않는, 솔방울 숲
 그 숲은 단단한데 단단하지 못한 슬픔이 쌓인 곳
 벽면의 갈라진 틈새마다 벌레들의 문양 새겨지고
 비 피할 양철 지붕 하나 없는
 몸을 웅크리고 곰곰이 생각에 잠기는 그런 곳

 흰 털에 묻은 저녁을 부르르 떨던 개는 솔방울 숲에 들었
다

푹신한 침대 같은
침대 위에서 아무리 굴리고 뛰어도
누가 뭐랄 발자국이 없는

개는 불 켜진 숲이 그리웠을 것이다
솔방울 침대에 누워 불 켜진 숲을 구경했다
그러다 스르르 잠이 들었다
개에게도 숲이 생긴

개털에서 숲 냄새가 스멀스멀 올라왔다
또 다른 숲
나무에게는 한 번도 가보지 못한 숲
근처 동산에서 돌아다녔나
온 몸이 따스해지는 숲

그래도 아파트에서는 개를 키울 수 없다고
경비가 단호하게 말했지만
나무는 솔방울을 두두둑 떨구고
단단히 다져진 솔방울 숲

그 숲에 든 개를 아무도 알아보지 못했다

그 이후 아버지의 시간은 뒤로 갔다
그런데 솔방울 떨구는 일은 점점 더 늘어났다

원룸은 안다

우리가 한 번 만난 적 있다
그런데 냉동고 안쪽에 오래 넣어둔 것처럼 모른다

나이가 들어도
2층 계단을 따라 올라온 발자국 소리에 귀를 기울인다
택배 기사, 205호 문 앞에 비닐봉투를 던져두고 가는 걸 안다

간식 앞에서 기다리는 강아지처럼
잠시 기다리는 걸 안다

발자국소리가 멀어져가는 걸 안다

문을 살짝 열었다가 얼른 문을 잠그는 걸 안다

그나마 경사로가 없는 다세대 2층이라 다리가 덜 아프다는 걸 안다
나처럼 택배 기사도 조금은 편할 거라는 걸 안다
<

사이즈가 큰 빨랫대와 작은 쓰레기통을 쓰라며 빌려준
주인 할머니 같이
저도 늙어가는 걸 안다

어느 날, 화장실 타일이 툭 떨어졌는데 다행히 깨지지는
않았고
일회용 빈 반찬통에 담아두는 걸 안다

가끔 빈 방에서 주인의 전화 목소리를 듣는 걸 안다
웃음소리가 매우 경쾌할수록
아주 조용하게 심장을 졸이고 있는 걸 안다

밀린 월세로
쥐 죽은 듯이 살게 되는 걸 안다

싱크대 문짝이 삐걱거리는 걸 안다
점심으로 라면을 꺼내고 소리 나지 않게 싱크대 문 닫는
걸 안다
<

다행히도
재활용품이 방 안 가득 찬 걸 모르고
방 밖을 잘 나가지 않는 걸
냉동고 안쪽 깊숙한 곳에 손을 넣어보지 않아 모른다

제3부

수국이 건네준 아이스크림

수국이 건네준 아이스크림

겨울 수국이
빛바랜 꽃도 빛바랜 잎사귀도 툴툴 털어내며
아이스크림 하나 건넨다
겨울에 먹는 아이스크림이 더 맛있다고

눈 묻은 흙발을 내려다보며 흙을 툭툭 턴다
손에 아이스크림을 들고서

그리고 슬며시 물어볼 테지
나의 지난 꽃에게는 무얼 했는지
나의 지난 잎에게는 무얼 했는지

잠깐의 꽃샘추위에도 아이스크림은
자꾸만 흘러내려
흘러내리는 아이스크림을 지는 해가 핥고 있다

빨간 아이스크림 포장지가 바람에 날아간다
아이스크림이 푸른 새싹을 밀어올리고 있다

살구의 마음

어디로 가는 지도 모르는 살구들이
땅에 떨어져 돌처럼 굳어있다

땅에 닿을 듯 말 듯 한 살구가지 끝을 바라보며
지인은
언젠가는
이 돌 같은 징검돌을 건너야 한다는

대낮 한여름 더위에 지치면
살구도 금방 물러져서
좀 더 시간을 늦추고 싶어도 기다려주지 못한다
징검돌을 건널 때는 건너야 한다는 듯이

지인의 어머니 굽은 등이 보이자
가지를 꽉 잡고 있던 살구 한 알이 떨어져 내린다
또 한 개의 징검돌이 만들어지고

누구든 한 번은 건너야하는 다리
오늘은 어떤 징검돌을 건너왔을까?

<

오랜 만에 만난 지인과
그동안 못 다한 이야기를 끝도 없이 하고 있다
살구는 땅에 떨어져도 그 어디로도 굴러가지 않는다

얼마 전, 삽으로 다시 파헤친 듯
울퉁불퉁한 땅 위에서
언젠가 내가 다시 돌아와 바라봐줄,
그 자리를 지키고 섰다

마지막 가는 징금돌 딛은 내 발뒤꿈치
살구가 꽉 잡고 있다

러너스 하이

거울을 빠져나온 벚나무가 달리기를 시작한다
맺힌 꽃봉오리
42.195 킬로미터를 달려 테이프를 끊은 지점에서
벚꽃이 활짝 핀다

그런데 많은 길을 달렸기에
벚꽃의 생명은 얼마 남지 않았다
봄바람이 분다
이때다 싶었던지

작고 보잘 것 없던 꽃잎이
아픈 이들에게
간과 눈, 폐를 나눠주고 떨어진다

꽃잎이 떨어지자 봄비도 내린다
흐르는 비를 따라 어디론가 가고 있다
젖어버린 꽃잎 하나
우산들이 벚나무 뒤를 지나갈 때
고개를 잠시 드는 듯 했다

<

어떻게 여기까지 달리기를 하며 오게 되었을까?
머나먼 정글 숲을 지나서 왔는지도
날지 못하는 새의 유언 같은 것일지도

달리며 알게 된 것 같다
사랑하지 않아도 죽을 힘을 다해 달린다는

그러다 누군가의 봄날을 알게 되었던,
우산 없이도
날 수 있을 거라는
거울로 돌아가지 않는 자의 죽지 않은 의지

감자, 휴면하다

싹둑, 싹을 오려두었다
앞으로 몇 개월 동안은
싹을 틔우지 않을 생각으로

신선한 바람이 부는 오늘,
창가에 몸을 기댄다

그런데 따스한 햇볕에
입술이 새파랗게 질렸다
땅 속에 있을 때는 몰랐던

검정 비닐봉지를 목까지 눌러 쓴다
숨이 가쁘다

이렇게 영영 눈을 감는 것은 아니겠지
처음으로 나에 대해 한참을 생각했다

누군가에게 온 몸을 맡겨야겠어
매일 나를 먹는 사람에게 내 싹을 주기로

<
내 목덜미를 어루만져주는 사람이 없다
긴 겨울이 지나가도록……

달려오는 생일

버스 정류장 간이 의자에 털썩 주저앉자
빈 도시락 배낭을 기웃거리던 어둠이 잠시 일을 내려놓는다

저 멀리 달려오는 버스가 비추는 헤드라이트
생일 케익에 촛불을 켠 듯 환하다
환한 불빛 속으로 좀 더 들어서면 요양병원이다
드나드는 매일 매일이 생일
생일 아닌 날이 없다
살아있다는 것만으로도
매 끼니 도시락 반찬이 반짝거린다
면회시간이 끝나면
생일 인사를 미리하고 나왔던……

버스에 오른다
막차라 남은 좌석이 많다
문에 가까운 좌석에 앉는다
정성을 쏟고 쏟았던 일인데도 두고 온 일이라 눈물이 고인다

남은 좌석이 아직 많아

언젠가는 같이 탈 수 있겠지 집으로 가는 버스

두 손을 모아 소원을 빈다

촛불이 빈 좌석에 고루고루 비칠 수 있도록……

입에서 생일 노래가 맴돌지만

촛불이 심하게 흔들린다

당신 기침소리에 놀라

시간에 쫓기듯 급정거하는 버스 문

다 꺼져가는 촛불을 향해

힘껏 모아두었던 숨을 한꺼번에 불어넣는다

좌석이 많이 비어도 데려갈 사람은 데려간다는

배낭 속 어둠이 잘 있어 한 마디 인사도 없이

저 싱크대 깊숙이 가라앉고 있다

낙서를 기다려요

"젤라또를 드세요 JJ, 참새 날자, 병아리, 거북이 엄금엄금, 사랑해! 창수가……"

낙서판이 바다 카페의 식어버린 바닥을 끌어올리고 있어요

낙서판 앞에서는
저도 모르게 그녀 생각이 나요
그런데 가까이 다가간 파도,
뭘 쓸지 머뭇머뭇

기다려요
기다려주는 일도 낙서가 되는 걸요

기다리는 동안 다른 곳으로 자리를 옮기려는 오후 햇살
부스럭부스럭 가방을 챙기고 있어요
햇살 한 줄 남긴 공중에 남방큰돌고래 한 마리 매달아두고 떠나요

<

기다려주는 고래

양은냄비에 그녀 생각을 끓이고 있어요

식어버린 바닥이 끓기를 기다리고 있어요

기다리는 꽃

몇 겹이나 접은 전단지
어금니 하나로 대문을 꽉 물고 있다
대문 안으로는 바람 한 점 허용하지 않으려는 것인지

골목길에는 낯선 이들의 눈동자가 무수히 박혀있다

몇 번의 두드림에도
기척 없는 대문은 밀어도 쉽게 열리지 않는데
누구를 기다리고 있는 것일까?
방 한 귀퉁이, 찬도 없는 밥상을 물린 채
새우처럼 웅크려 있을 노인

살아오면서 꽃이었던 순간을 전단지에 접어두었던 것
전단지를 펼치는 순간 꽃길이 펼쳐질……

얼핏 대문 두드리는 소리 같은지
신발도 신지 않은 맨발이 먼저 달려 나온다
꽃이 활짝 피기도 전에 이내
우수수 꽃잎 떨어진다

＜

때로 골목길은 골목길을 지나는 고독을
그 집 대문 앞에 불러세운다
문과 문 사이 틈이 있는 곳은
고독이 사람보다 더 쉽게 드나들기도
그러니까 그만 방 안에 고독을 들여놓고 말았다
고독은 노인이 뿌려놓은 꽃길을 무심코 밟은 죄로
모로 누운 노인의 무릎을 짚어보고
그 삐거덕거리는 소리에
차마 그 휑한 방을 벗어나지 못한다

마침 골목길을 지나는 바람이
대문을 제 힘껏 밀어보지만
결국 바람의 힘만으로는
전단지도 펼치지 못할 거라는
대문 아래로 떨어진
쓸쓸한 꽃잎을 쓸며 빠져나간다

노인과 나비

화단 안, 오랜 만에 이발한 정원수
한걸음 물러서서 보니 찌그러진 얼굴이다
정원사는 그냥 두어도
나중에 다시 둥글둥글 얼굴을 잡아가며 큰다고 하는데

목에 둘렀던 수건을 털자
성한 다리와 검은 머리카락들, 따스한 시선이 떨어져 내리고

무수한 곳에 제 몸을 다 부어버린 빈병 같지만
다시 채울 수 있다는 생을 누가 말릴 수 있겠는가

어떤 위로는 나비 한 마리 데려다준다
나비가 날아다니니 요양등급 신청서에 한 사인도 견딜 수 있겠다

짧아진 머리카락을 쓸어 넘기는 정원수
대문 틈으로 들어선 나비, 나비의 거울 속에서 본다
끙끙 앓던 방이 어두워져서야 더 가까이 날아오르는 나비

밤새 이마가 붉어진 정원수, 나비처럼 노랗게 물들어가고

일주일에 서 너 번 찾아오는 나비의 거울
거울 속으로 쭈글쭈글한 손을 밀어 넣어본다
보드랍고 노란 날개가 불쑥 튀어나오는
거울 속으로 절뚝거리는 다리를 밀어 넣어본다
쫙 펴진 등이 불쑥 튀어나오는

누군가 대문을 두드리면
나비의 거울을 들여다보는 정원수
노랗게
여기는 늘 봄이라고
연하고 부드러운 노랑나비 한 마리
거울 속에서 걸어 나온다

주차금지 표지판이 된 사람

능소화 향기가 차창에 부딪힌다

동네 주택이 늘어선 골목,
주차금지 표지판이 세워져 있다

매일 주차금지 표지판을 세우다
주차금지 표지판이 된 사람
낯선 차는 받지 않겠다 손짓하는

그런데 담벼락에 늘어선 능소화가 발목을 잡아끈다
차는 멈칫멈칫 멈춘다

동승자가 차에서 내려
주차금지 표지판이 된 사람의 손을 잡는다
햇살에 따듯하다

이른 새벽부터 이곳을 지키러 나온 사람
식구들이 돌아오는 저녁을 지키는 사람
간혹 인도로 넘어지기도 하는 사람

<
차가 시동을 건다
주차금지 표지판을 원래대로 다시 옮겨둔다

나무 의자

너도 이렇게 될 수 있다고 말하는 듯이
수거날짜 붙여놓은 노란딱지가 빛난다

늘 찾아오던 뜬구름조차 푸르게 올려다보는
이 아름다운 풍경
혼자서 마무리 해야하는 듯이

바람이 주름진 얼굴을 할퀴고 지나갈 때에도
식구들 밥상 차리느라 소리 한 번 내보지 못하고
비가 오는 날에도 눈이 오는 날에도
나무로 다시 돌아가 서 있지 못했다

의자로 사느라
네 조각으로 쪼개져 버린 풍경처럼
마음이 한 곳으로 잘 모아지지 않는다
팔이 비틀리고 다리가 비틀리는 고통
가는 곳은 오직 한 곳 뿐이다

미안했던지

의자 다리에 모래를 둘둘 감아주고 가는 바람
어린 유년의 기억들이 함성처럼 쏟아진다

다시 돌아간다면 구름 한 번 피워보고 싶다

다시 뿌리를 내리려고
흩어진 풍경을 한 곳으로 모으는 중
다시 돌아 뛰고 싶은 건 의자뿐 만이 아니다

기다린다는 것

버스를 기다린다
초조하게 움직이는 발자국보다
먹구름이 먼저 고개를 들고 기다리는

콜록콜록 전화기 너머
아이의 기침소리 다시 들려올 때면
먹구름이 더욱 짙어지는

버스는 느리게 느리게 온다

반찬 몇 가지와 밥을 가득 담은 장바구니
초조하게 시계를 보다
간이 의자에 앉았다가 일어섰다가

정류장에서 마주친 한 아주머니
요양병원 다녀온 얘기를 간이 의자에게 털어놓는다
그 등에 딱 붙어 달그락거리는 빈 반찬통들
눈빛 스칠 때마다
서로의 눈동자 속 붉은 핏줄을 타고 울음 맺히는

<

먹구름이 데려다준 버스가 막 도착하자

백팩 뒤로 줄을 선다
한 발 한 발 느리게 버스에 오른다
아이로 가득 찼던 마음을 뒷 호주머니에 넣고
뒤에서 백팩을 밀어 올려준다

청보리밭에서

구불구불한 보리밭 언덕을 사람들이 끊임없이 넘어가고 있다
꼭 넘어야 할 당신처럼
끝도 없이 펼쳐진 보리밭 밥상을 올려다본다

보릿고개를 당해보지 않은 사람은 그 속을 모를 것이라고
가까이 다가온 청보리가 귓속말을 한다
나는 조금 아는 듯이 고개를 끄덕이다가 발을 헛디뎌 넘어졌다

청보리가 내 눈 앞에 와 있었다
보리를 잡으면 손끝이 까끌거렸다
바늘처럼 뾰족한 손으로 제 눈을 찔러 바닥에 쓰러진 보리 피눈물이 흥건하다
바닥 같은 곳에서는 왠지 더 깊은 곳을 찾아 가라앉는 것처럼

당신에게서 헤어나지 못할 것 같다

<

보리밭 언덕에 가까이 가면 갈수록 발부터 젖어들고
그 다음은 허리가 그 다음은 손이 젖어든다
앞으로 걷는데도 자꾸 과거로 흘러가는 것처럼

눈물처럼 그렁그렁 맺힌 당신
보리밭을 지나는 동안 푸른 물을 툭툭 털어내어도
오후 내내 보리가 슬프게 나를 따라왔다

우리의 벚꽃

난 십일 동안의 신부야

긴 겨울을 건너오느라 뼛속까지 말라버린 모래 같은 꽃
오는 길이 나무뿌리 불룩 솟아오른 보도블럭이라 울퉁불퉁하여도
드레스 긴 끝자락을 끌며 오는

꽃이 모래처럼 떨어지는 걸 본 적이 있지

너를 만나서
너를 이해하며
같이 살고 싶지만

입안에서 모래가 까끌거려
씹어 먹지도 못하고 삼킬 수도 없는
나무에 핀 꽃일 때는
자주 잊곤 하는
나는 모래
<

너를 만나기도 전에
모래로 흩날리며 꽃을 피웠던 날들

꽃잎을 건너가는 푸른 날들

봄비가 온다
가던 발길과는 다른 곳으로 발을 들여야 할 때
늘 다른 곳의 길 끝에 서서 다시 신부로 돌아와 줄 나를
기다린다

매화나무 그림자 아래

어찌하여 그녀는 가지 없이 살아왔는가?
뿌리도 없이 살아 왔던 것은 아닐까?

햇살이 강하게 내리쬐는 오후
누군가 사진을 찍어준다며
잔가지 사이로 더 들어가라고 떠민다

그녀가 가지 끝을 잡자
가지가 스멀스멀
얼굴 위로 자리를 잡는다
굵게 패인 주름처럼
아니 또 하나의 가지처럼

가지의 그림자를 다 받아들여야하는 그 너머로는
기차선로가 가로로 놓여져 있다

손에 쥐었던 꽃이 떨어지자
그녀 자신도 모르게
기적소리 내며 달려오는 기차를 기다리고 있었던

그녀를 태운 기차가 한 순간 강물로 흘러갔던 일
나뭇가지 뿌리를 다 자르고 지나갔던 그곳
도깨비풀들이 자라나오고

없는 낫을 들고 풀을 벤다
땅을 파헤치고 올라온 돌멩이들 잘려진 가지들도
마음만 먹으면 다시 되돌리지 못할 것이 없다는 듯

매화나무 그림자 아래 선 그녀
가지를 뿌리를 찾으러 왔던

지난 강물 속에서 걸어 나온 얼굴이
찰칵
매화처럼 활짝 웃는다

엘리베이트라는 상자

층별 표지판을 누른다

쿵쿵 층간 소음처럼 위층에서 엘리베이트가 내려온다

텅 빈 상자를 만난다는 것은 운에 가깝다

엘리베이트 문이 열린다

바로 위층 그녀가 타고 있다

헝클어진 머리를 쓸어 올리며 엉거주춤 인사를 한다

위층도 엉거주춤 인사를 한다

"방학이 끝나서 애들이 춥겠어요"

"작은 애는 유치원 졸업이고 큰 애는 초등 3학년이 됩니다"

"아! 졸업 축하합니다"

위층은 어색한 미소를 짓는다

그러고는 잠시 정적이 흐른다

여기서 빨리 벗어나고 싶어 하는 엘리베이트 상자

＜

고개를 숙여 폰의 메시지를 확인하는 척한다
그러다 엘리베이트 안 미니간판 속 깨알 같은 글자를 훑어보는 시늉을 짓는다

최대한 눈만 서로 마주치지 않으면 될 것인데……

1층에서 문이 열린다
상자를 환기하는 바람이 몰려온다
바람을 거스르며 나는 한 발 먼저 나온다
하지만 위층 그녀 앞서서 가는 걸 본다
등을 보며

"안녕히 가세요"

상자가 열리면 새로운 골목 같은 인사가 나온다
'우리는 같은 동에서 같은 상자를 타며 잘 살 수 있을 거예요'
 미소를 지으며 열린 상자를 꼭 끌어안는다

다시 날아드는 새

두 팔 벌린 나무 위로 사다리가 걸쳐져 있다

예약된 거겠지 이발!

정사각형 네모난 머리
눈 찌르는 앞머리 짧게 일자로 자른 것처럼
철없는 그런 머리 원했겠지

전기 톱날에 잘려 보도블럭 위로 떨어진 나뭇가지와 잎들
초록 눈물바다다
예고 없이 비가 두드릴 때는
심장이 나뭇잎 끝까지 달려갔었겠지

커트로 미용실 바닥에 떨어진 긴 머리카락들
빗자루에 쓸려갈 때 말은 없어도
심장의 무게를 견디는 것 같았다

또다시 사랑이 올 거라는 생각으로
방에 홀로 있던 시간들로

<

찌지직찌지직

고압전선이 얽혀있는 나뭇가지에 앉은 새가 울음운다

날개가 탄다

놀라 푸드득 날아간다

나무는 전선을 잘라달라고 구청 민원실에 전화했을까?

나뭇잎을 빗으로 빗겨주는데 세로로는 잘 빗겨지지 않는다

가로로 이어진 전선줄처럼 나뭇가지도 가로로 자랐으면 하고 생각하는데

방에 홀로 있지도 못하는

어딘가로 가지도 못하는

건망증인지 나뭇잎만 보면 새가 다시 날아든다

옷 쓰레기 산

칠레 아타카마 사막의 옷 쓰레기 산에도 해는 떠오른다 산더미처럼 쌓여있는 옷들 속에서 고개를 내밀다 드레스 룸에 걸려있던 때가 엊그제 같아 눈물이 주르륵 흘러내린다 벌써부터 입술이 쩍쩍 갈라지고 물 한 모금 몹시 간절하다 사방을 둘러보아도 물 한 모금 구할 수가 없는 곳

누가 그녀를 여기에 데려다놓았을까? 누군가의 팔이 다리가 목을 누르고 있다 팔을 다리를 치워도 누군가의 팔이 다리가 다시 몸뚱아리를 누르고 있다 어디선가 코를 찌르는 냄새가 난다 비에 젖은 흙냄새도 아닌 진흙 속에 자라는 풀냄새도 아닌데 코를 막고 고개를 다른 곳으로 돌려도 기다렸다는 듯이 훅 냄새가 엄습해 온다

몸이 비스듬해진다 어디로 돌아누워도 비스듬하다 피가 아래로 쏠려 머리가 터질 것 같아 몸을 조금씩 돌리려고 애쓰던 중 바람이라도 조금이라도 세차게 불어오면 소금이 입 안으로 마구 들이친다 짜다

이제는 옷 잘 입는 겉멋으로는 살기 어렵겠지

<

　벌써 해가 중천에 떠오른다 얼굴이 점점 붉어지는 것 같다 그러고 보니 그녀는 누군가에게 사랑해 라고 말하면서 지낸 적이 없었던 것 같다 누군가를 그리워한 적이 없었던 것 같다 혼자여도 좋았으니까 그런데 해가 말하는 것 같다 그렇게 살면 뭐가 좋으냐고 한 사람이라도 마음에 품고 살아야 좋은 거지

　그녀 안을 바라보노라면……

　어느덧 해가 지고 있다 후회해도 늦은 것 같다 하지만 늦지 않았는지도 모른다 그녀는 사랑을 할 수 있을 것 같다 그리워하는 마음도 가질 수 있을 것 같다 이 사막에서는 매일매일 해가 떠오르고 해가 지니 이 사막에서의 하루가 견딜만할 것이다

눈보다 귀로 낚는 낚시가 더 빨라

오피스텔 20층 창문에 긴 낚시대를 드리웠어
귀는 물고기 잡을 물때가 되었는지

시청 앞, 스피커를 통해 들려오는 중년 남자의 목소리 살아있다 못해
뱉을 수도 없는 미끼를 입에 문 채 펄펄 공중으로 날아오르는 한 마리의 물고기 어린이집 선생님의 테이프에서 흘러나오는 동요 노랫소리 호수 가운데를 가로지르는 또 한 마리의 물고기

나는 시끄러워 창문을 닫았어 연애소설을 읽는 중이어서

낚시 가방 속, 굉음을 내는 오토바이 소리 귀에 박힌 상처투성이 물고기들이 지루한 시간을 보내고 있어

물때가 아니어도 상관없다고 말하는 걸 귀의 낚시는

잠깐, 누군가 조용한 내 귀에 미끼를 던졌어
<

연애소설은 읽어도, 어디에서 날아오는지도 모르는 먼지 공중으로 날려 보내도 먼지는 잠시 날아올랐다가 다시 제자리로 내려앉을 뿐

귀가 미끼를 물었어 물고기가 되는 기회를 엿보기로

내 몸 구석구석 쌓였던 먼지를 떨어냈어 연애소설을 재활용통에 버리고 콜라보 패딩도 쓰레기 산에 던져버리고 하루 종일 먼지떨이를 손에서 놓지 않았지 나도 모르게 물고기가 되어가고 있었어

잡힌 물고기들도 점점 상처를 회복하는 듯 했어 목구멍에 물도 조금씩 축이면서 배가 볼록 올라왔다 내려갔다 하는

나는 시청 앞 물고기가 있는 곳으로 갔어 뒤에서 물고기 일행처럼 서 있기도 하고 물고기를 꽃처럼 구경하기도 했어

<

재밌어 죽을 것 같은 연애소설 작가들에게 내 억울한 심정을 토로하고 싶었어 나도 한 마리의 물고기가 되고 싶었어라고

제4부

기린 데려다주기

기린 데려다주기

안구건조증으로 눈도 오래되면 눈이 스스로 걷는 연습을 한다
가끔, 버려진 동화책 속에서 필사적으로 살아나온 동물과 딱 눈이 마주칠 수도 있어

건기에 몸집을 불린 얼룩무늬 기린
눈동자 위를 가만가만 걸어 아카시아잎을 찾아 가는 중이다
금방이라도 찾을 것 같은 아카시아잎

내가 까맣게 잊고 있었던 것

눈에 보이지 않는 것은
그리 중요하지 않다고 여겼던 탓에 몸집만 커다란 기린 한 마리 키웠다
이제는 도저히 눈 밖으로 데려다줄 수 없는

인공눈물 한 방울 떨어뜨린 허공
기린이 쿵쿵댄다

나는 거의 사라지고

아카시아잎이 눈물을 열고 있다

조금만 더, 조금만 더

나는 아카시아꽃 향기를 흠뻑 들이키고 있다

새벽

새벽녘 깜빡 잠이 들었다
너는 이마에 삼십 촉 전등을 켜고 서서히 걸어오고 있었으나 나는
전혀 눈을 뜰 수 없었다

'아픔에 찡그린 내 얼굴을 봤을 거야'

커튼 사이로 너는 내 아픈 목덜미를 슬며시 만져주고
내 얼굴을 유심히 살피다가 잠시 앉았다 물 한 컵 떠주고 사라졌다

사라지는 것들은 새의 날개를 가졌다
네가 날개를 펴자 폐지 가득한 유모차 끄는 할머니의 앞길을 서서히 비춰주고

나는 매일 누군가를 기다리고 있었는지 모른다
출근 시간, 화장대 서랍을 열면 아직도 네 모습이 우루루 쏟아져 내리고 반쯤 뜬
내 눈 속을 너는 거울 속에서 들여다보고 있다

<
'거울과 같이 출근해야지'

기린을 만나는 가출

가는 곳마다 겨울나무들이 많았다

그 중 가장 추운 나무가 기른 착한 기린 한 마리를 꺼내
우리는
거울 속에서 서로 마주 앉았다

언젠가는 불러줄 것이라 기약 없이 누군가를 기다리며
긴 울음 같은 소리를 내던 기린
새벽부터 차려내던 밥과 반찬들에게
흰 꽃 파르르 떠는 싸움 같은 것은 걸지 않고
설거지 잔뜩 쌓아놓고 나온 죄인처럼 나는 고개를 숙이
고 있다

거울 속 나에게서 너무 멀리 와버려
서로 한 발자국도 더 나아가지 못하고

만나기 전처럼 각자 제 갈 길이 다시 놓여지고

나는 기린이 가고 싶어 하는 곳을 가리켰다

<

염치없이 더 기다려달라고 말 한 마디 못한 손
높이 들어 흔들지는 못했다

모노드라마 주인공이 되지는 못할지라도
얼굴 없는 기린을 기원하지는 않는데

서로가 점점 멀어지는……
거울을 엎어버렸다
그런데도 자꾸 기린의 발뒤꿈치에서 떨어진 꽃잎 쪽으로
몸이 기울어진다

언젠가는 또다시 만날 수 있을 테지……

추운 나무가 겨울을 닫기 전,
나는 내가 판 무덤 속으로 다시 가고 있다

단물 빠진 씨앗

나이가 단물 빠진 풍선껌 같다

씹다 만 껌을 계기판에 고양이스티커처럼 붙여두었다
차가 흔들릴 때마다
단물 있는 것들을 보며 고개를 조아린다

꽃 필 때를 아는 것들
차는 어느새 지름길을 따라가고

길가의 꽃도
제 길에 대해 다시 생각하고 있는 듯한데
단물 빠진 껌은
왜 씨앗이 될 수 없는지

이제 점점 굳어간다
몸이 무거워지고 입이 벌어지지 않는다
기억할 그 무엇도 없다면
흔들리는 것도 없다면
그냥 씨앗이 되어 톡 떨어지고 싶다

<

약한 마음을 다시 일으켜 세우는 안간힘

단물 빠진 나를 받아 주겠니?
다시 시작하기 위해 한참을 돌아왔다

눈 뜨는 낮잠

낮잠은 죽은 나무를 뽑아내고 다시 아름다운 나무를 심
는 일
선물로 받은 어린 나무였지
말라 부러진 가지 끝에 붙어있던 잎은
엷은 연녹색으로 금방이라도 부서져 내릴 것 같았고
마른 가지를 잡으니 뿌리까지 단숨에 올라왔다
잠을 자다 허공에 손을 휘젓는다
흙은 흙대로 뿌리와 잎은 뿌리와 잎대로 모으고
흙 묻은 화분을 씻어낸다
씻어도 흙 베인 자국이 지지 않는다
키우기 힘들어 다시는 나무를 심지 않겠다고 여러 번 다
짐했지만
이번에는 잘 키워보겠다며 꿈속에서 꽃나무 한 그루 심
는다
텅 빈 집 마냥 그대로 둘 수는 없었다
무아지경 깊은 잠에 빠져 코를 드르릉 드르릉 곤다
새로 심은 꽃나무가 잠을 더 깊은 곳으로 데려다준다
프로그램에 입력된 음악에 맞춰 코끼리 분수에서 뿜어대
던 물이 솟아올라

나무에 뚝뚝 떨어지고 있다
단잠을 푹 자고 나온 노랑나비 두 마리가 꽃 위를 빙글빙글 돈다
영영 눈을 뜨지 않아도 좋을 것 같았다
잠을 깼다고만 생각해도 금방 나무 심는 걸 멈출 것 같아서
나무가 꽃을 키우는 동안에도 그냥 스쳐지나가지 않는다
낮잠 잔 자리에 심어놓은 꽃나무에게 코끼리를 데려다준다
헝클어진 머리에 편안한 잠옷 차림 아니어도
나는 애기 안 듯 아름다운 나무를 안으며 눈을 뜬다

그런 약속

술잔 같은 튤립*이 활짝 피어
꺼져버린 풍선에 입김을 불어넣는다

시낭송 강의가 있던 날

강의를 위해 온 그가
문학관 건물 화단에 심어져 있던
튤립을 내려다보고 있다

사랑하기 전부터 비가 쏟아진다
활짝 핀 튤립 속으로 낙하한다
비로 그득해진 튤립의 목이 꺾인다

그가 이층 창가에 서서
목이 꺾여 땅바닥에 떨어진 튤립을
안타까운 듯
한참을 내려다본다

시 한 편이 스크린에 띄워진다

<

강의를 듣기 위해 온 수강생들
이층으로 가는 가파른 계단을 오르고

비에 젖었는지
드라이한 그녀 앞머리도 꼬불꼬불해지고
손잡지 못해 놓친 시간들이 풍선처럼 부풀어오른다

강의 중간 중간 그의 먼 눈동자
그녀가 바라보는 곳으로 이끌어
굳이 서로 약속을 하지 않아도
바라보기만 해도 좋은
그런 약속……

튤립은 비에 떠내려가지 않고 그 자리를 지키고 있고
그녀는 수업 내내
목이 꺾인 튤립 속에 미안해하는 비처럼 있었다

* 박연준 산문집 <쓰는 기분>에서 '튤립은 술잔' 차용

낡은 캐리어

담아갈 것은 별로 없다지만

눈에 잘 보이지 않는 곳
가장 바깥에 두었던 캐리어를 꺼낸다
몸통은 색이 바래고 바퀴는 땅바닥에 긁힌 자국이 많다

가까이 두고서
손에 잘 잡히는 것들만 넣어보다
별 빛 총총한 하늘을 본다

둥근 달이다

오래된 얼굴이 희미해져서
잘 잡히지 않는 달
캐리어에 잘 들어가지도 않을 것 같은

캐리어에 넣은 것들을 살펴본다
그동안 갈고닦은 탓에 좀 무디어진 것들이 많지만
아직 모서리가 뾰족한 것 투성이다

〈

다시 달을 올려다본다
손안에 넣지 않고도 둥글다
저녁 한 끼를 잘 먹은 것처럼 캐리어 배가 불룩해진다

미끄덩거리지 않아 손에 잘 잡히는 것들
그런 것만 데리고 다니다가
아무 손에나 잘 잡히는,
버려두어도 누가 주워가지도 않을 것이 되었다

담고 담아도 늘 허기진 캐리어

달이 기운 지금
눈에 보이지 않는 달
엄마 얼굴
둥글어서 잡으려하면 잘 잡히지 않지만
얼굴이 더 희미해지기 전에
그 달을 손에 쥐어보려 한다

사과나무에 벌레가 슬면

하늘에서 시큼한 냄새가 난다

먹구름이 하늘을 뒤덮고 있다
응축된 물방울이 시커먼 먹구름의
괴사한 표피를 긁어내면
비가 내린다
붉게 괴사한 표피를 긁어낸 사과나무처럼
구석구석 먹구름 틈새에
유리나방 애벌레처럼 벌레들이 슬어 있을 것 같다
먹구름이 하늘을 떠가듯 꿈틀꿈틀 움직이는 걸 보면

먹구름 꼈던 그 자리에 또 먹구름이 끼는 날들

늦잠을 자다 일어나보니 수도꼭지 틈새에서 수돗물이
비처럼 흘러나오고 있었다
속을 파보면 사과나무처럼
붉게 괴사한 표피가 있을 것 같다
표피를 긁어내면 붉은 녹물이 흘러내리고
녹물을 타고 애벌레도 흘러나올 것 같다

<

바닥에 흥건한 수돗물을 닦다가
몇 년에 한 번씩 붉게 괴사하는 내 수도꼭지를 틀어본다
괴사한 표피를 긁어내면
몸에서 잠자던 애벌레가 꾸물꾸물 기어 나올 것 같다

하늘이 맑게 개인다
늦잠을 줄여야겠다는 생각으로 시큼한 냄새가 잠시 증발
한다

소나무에 올라가 잠들었네

초저녁잠을 자다 문득

옆자리의 빈 공간이 느껴져 눈을 떴네

당신이 잘 시간에 뜬 눈

다시 잠이 들려 해도 목이 말라와 앉았다가

어제부터 내 마음에 들어와 있던 소나무에 올라갔네

그제서야 비어있던 당신이 와 나를 바라보고 있네

당신은 소나무를 키우고 있었네

당신의 발걸음 소리를 듣고 자랐네

추운 겨울, 차가운 바람이 불어와도 소나무는 따뜻하네

난 소나무에서 자야지자야지 토닥토닥하다

<
새벽녘에야 당신을 안고 잠들었네

이명

나무에서 여름밤을 뜬 눈으로 보낸 적이 있나요?

사람의 귀도 오래되면 옹이가 된다
바람소리 다 떨군 귀가 옹이가 되어야만 나는 매미소리
그 소리로라도 채워주지 않으면 허전한 마음 달래지 못
한다

여름 내내 돌봐주었던 당나귀 온데간데없이 사라졌던 일
여름 내내 미뤄두어
한 번도 울지 않았는데

매미 떼,
귀 안으로 날아들어 와 대신 울음 운다
서럽게 길게 운다

"매미 소리 말고 또 다른 소리는 없나요?"

"라디오 잡음 소리가 나는 것 같기도 해요"
<

겨울 끝자락에 선 아버지가 보내준 사과나무
내 귀 속으로 흘러들지 못하고 마당에서 출렁인다
귀가 아직 접지 않는 매듭도 있어
매미 허물처럼 빈 가슴에 살아남는 것이다

새를 찾아서

내려다보이는 건물 위로 레미콘 차량이 시멘트를 붓고 있다
시멘트가 굳기 전에 새 한 마리 앉아
새 발자국 선명하게 찍혔다
평생 지워지지 않는 상처
그런데 날아가 버린 새를 찾을 수가 없다

아이의 심장에 남아있는 새의 발자국

한 번도 본 적 없던 새가 돌아왔다고 생각해본다
미워도 해보고
그러다 용서도 해본다

'새가 무슨 말이라도 해야 할 것 같아'

어른이 되어서도 새를 만나지는 못했다
대신 당신을 만났다
손바닥보다 작은 새의 발자국에 빠져 허우적거릴 때
손을 잡아준……

〈

당신이 일 갔다 오는 길에 닭을 사왔다
날개를 잡는데 피가 흘러내렸다
핏빛 눈물 같았다
울음 우니까 날개가 날개처럼 보이지 않았다

날지 못해서, 꿈을 이루고도 텅 빈 마음
누군가를 찾으러 왔다가 못 만나고 그냥 갔던 건 아닐까?
사랑하려고 먼 거리를 걸어서 왔다면
죽기를 다해 여기와 발자국을 남기고 갔다면

새의 뜨거운 심장이
최선을 다해
아이를 올려다본다

돌탑의 행방

풀숲 우거진 곳, 느리게 다가오는 돌 하나씩 올려두었더니
탑이 되어갔다 무거운 돌을 머리에 인 채
그 모습을 본 구름이 잠시 다가오면
별을 만지는 구름도 하나 올려놓기도

생각지도 못한 세찬 바람이 일었다
바람이 부는 쪽으로 풀들은 고개를 돌리고 있었다
그런데 자세가 꼿꼿했던 돌탑
와르르 무너져 내리고 말았다
돌들이 여기저기 흩어져 나뒹굴었다

그 틈을 타 풀들이 삐죽이 고개를 내밀고 올라왔다
돌 하나 하나 줍다가 알게 되었다
놓인 돌 아래 힘없이 눌려있었던 풀들
그 핏빛 선명한 어둠

풀숲이 고개를 돌린 곳으로 가고 있다
<

혼자가 된 돌을 들어본다
다시 가야할 길을 꿈처럼 그려본다

돌 하나를 다시 놓는다
풀뿌리 먼 아래에 슬며시 놓는 것도 꿈길 같다는
풀뿌리는 돌이 저 깊은 낭떠러지로 떨어지지 않도록
제 힘껏 부여잡아준다
풀숲에 돌 하나 놓을 때 돌이 하지 못했던 일

마음 속의 돌탑을 내려놓는다
돌탑이
돌 하나로 가벼워진, 그 옆을 맴돌다
어딘가로 가고 있다

멀어질 복숭아

누군가의 손바닥 밖으로 벗어난 복숭아

누가 손가락으로 누른 모양이다
멍이 들어있다
복숭아에 귀를 붙여보지만
여전히 말이 없다
입을 열기를 기다린다
귀를 파 먹혀 가며
들어도 들어도 끝이 날 기미가 보이지 않을 때까지
말하기를 바래보지만

밤늦은 시간 시장기가 돈다
손바닥 안, 복숭아털이 깔끄럽다
냉장고를 열어본다
밥은 차다
쉽게 먹을 수 있는 구운 계란이 보인다
껍질이 매끈하다
오른손으로 탁탁 계란을 누르며 굴린다
껍질이 잘 벗겨진다

씹고 또 씹고 계속 씹는다

어느새 복숭아, 손바닥 밖으로 밀려나있다

계란 하나로 이렇게 멀어질 수 있다니

멀어질 존재인지 누군가 내 머리를 눌러본다

양 한 마리 지키기

언제부터인가 양떼 목장에서는 개인 취향의 시작과 끝만 있다
양 한 마리를 키우지만 양 한 마리를 우리에서 지키는 일은 정말 어렵다

양은 혼자 자고 혼자 일어난다
아침을 가볍게 챙겨 먹고 추리닝 차림으로 목욕 가방을 챙겨나간다
잠든 방을 살금살금 지나며 우리를 유유히 벗어난다
우리의 사랑을 위하여

매일 늦게 자는 나는 느지막이 일어난다
사방이 고요한데도 시간은 빨리 흐른다
늦은 아침을 먹기 위해 어제 먹다 남은 김밥을 데워먹는다
짜다 싶은 것은 빼고 먹는데
우리의 사랑을 위하여

같이 산지 오래된 우린 앙꼬 빠진 찐빵이랄까
누가 누군가를 위해 산다는 건 어렵다

앙꼬를 찾기 위해 내가 좋아하는 달을 찾는다
'달 속에서 앙꼬를 만날 수 있을까?' 의심이 들기도 하지만
앙꼬를 찾으러 다녀야 언젠가는 우리가 만날 수 있을지도

오늘은 내가 앙꼬 같은 달을 만나러 가는 날

아직 버스 안이다
버스가 산중턱에 올라 빙빙 둘러 가는 것 같다
처음 타본 것도 아닌데 짐작되지 않는다
늘 출발지와 도착지만 본 것이 화근
지금 반쯤 온 이곳에서 뛰어내릴 수도 가만히 앉아 있을 수도 없다
지금 내린다면 다시 처음으로 돌아가 다시 시작해야 할 것 같아서
그러면 도착지에 더 늦어질 것 같아서 발만 동동거린다
동동거리는 것들을 모아 풍선에 넣어 날려 버리고 싶다

나를 기다리고 있는 초저녁달을 생각하면 고마움과 미안함이 겹치는 날숨

날숨도 산중턱을 오르듯 빙빙 둘러간다
다시 처음으로 돌아갈 수 없는 오후의 시간
사랑의 정의를 위하여 사랑을 한 것도, 사랑을 안 한 것도 아닌데

아직 버스 안이다
왜 이리 달에게 가는 길은 자꾸 늦어질까요?
"기사님!"
"달 없는 정류장 몇 개는 빼먹고 빨리 달릴 수는 없나요?"
달을 만나보아야 양을 지킬 수 있습니다

풍선껌이 자라나온다

씹다 만 풍선껌이 벽에 붙어있다
단물 빠진 껌의 물컹함
그늘을 들이니 금방 단단해진다

그대 만나 꿈에 부풀었던 순간들
입김 가득 불었던 껌이 터져버리면
입 주위에서 꽃이 피듯이
한겨울에도 꽃을 피워댔다

그러다 벚꽃처럼 꽃 지고 잎이 나듯이

굳어버린 껌도 예상치 못한 비를 만나면
들어온 비가 제 혈관을 따라 돌다
손끝 발끝에서 뭔가 꿈틀거리는

모래 얼굴을 한 꽃잎이 뚝뚝 떨어지고
그대가 떠난 그 자리에
꽃보다 더 단단한 나뭇잎이 자라나온다

해설

□해설

'기다린다는 것'의 의미
혹은 삶을 '위로'하는 방식

전 해 수 (문학평론가)

　황정자 시인의 첫 시집 『기린 데려다주기』는 강, 강물, 비, 빗방울, 눈, 눈사람 등 물기 어린 대상對象을 포착함과 동시에, 기린, 양, 새, 벌레, 수국, 벚꽃, 매화나무, 사과나무 등 생명을 지닌 작고 여린 것들의 목숨에 깊은 관심을 보인다. 그것은 아마도 시인 스스로 우리 이웃 사람들과 평범한 일상 속에 동행하면서도 주변의 사물을 따뜻한 시선으로 바라보고 있기 때문일 것이다. 다만, 황정자 시인의 이번 시편들은 물기를 머금고 촉촉하게 젖어있되 목 놓아 울지는 않고 담담하게 그 울음을 삼키거나, 주변의 대상을 향하여 연민과 슬픔의 감정을 느끼되 지나치게 애달파 하거나 그 슬픔에 마냥 매몰되어 있지는 않다. 이 점은 황정자 시의 미덕이라 할 수 있는데, 시인이 시를 통해 삶을 위로하는 방식이 예컨대 마주 보며 어깨를 두드려주는 직접적 방식이 아니라, 상대의 등을 지그시 바라보고 뒤따라 함께 걸어주는 미더운 기다림의 자세를 드러내는 방식을 통해서임을 알 수 있다.

    강이 흐르다 잠깐 멈추었다

    차 트렁크 문에 아이스크림 메로나 봉지가 끼어 있다
     차의 흐름에 맞추어 발을 담그지도 차에서 뛰어내리지도 못한 그 마음에 헉헉대는

    그런데 메로나가 트렁크 아래로 흘러내린 흔적
    빈 봉지를 두고 어디로 흘러간 것일까?

    지난여름 한 때, 트렁크 안 삽과 밀짚모자, 흙 묻은 장화와 발 잘 맞춰 흘러갔을 메로나

    봄 밭에 씨앗을 뿌려둔 뒤,
    한참이나 가보지 못해 자꾸 뒤돌아보는 나에게
    메로나는 내가 빈 봉지가 되지 않기를 바라는지

    사내가 차 트렁크 문을 열어 빈 봉지를 안으로 밀어 넣는다

    종일 어쩌지 못한 시간을 강에 가서 후 불어 넣는다
    봉지 없이도 가볍게 몸을 띄운 메로나가 강물처럼 느리게 흘러간다

    강에서, 메로나 맛이 난다
                      -「강」전문

황정자 시인의 이번 시집에서 첫 자리에 위치한 시는 「강」이다. 그러나 시인은 시제詩題로 사용된 "강"을 통해서 강 주변의 풍경을 아름답게 묘사하거나, 강에 얽힌 사연 혹은 내력을 풀어놓는 방식으로 '강'을 대면하지 않는다. 오히려 위 시의 주된 관점은 '강'보다는 '아이스크림 메로나'와 메로나의 '봉지'라 할 수 있는데, 차 트렁크 문에 메로나 봉지가 끼면서 위 시가 촉발되고 있다.
　"강"은 메로나가 흘러내린 형상을 통해 착안 된 하나의 '이미지'에 다름 아니다. 메로나 봉지로 인해, '길'을 향해 달리던 자동차는 멈춰서야 하는 등 "차의 흐름"을 방해받는다. 시인은 차가 달리다 멈춘 원인이 메로나 아이스크림이 자동차의 내부에 흘러내렸기 때문이며, 이를 "강이 흐르다 잠깐 멈추었다"는 은유적 표현으로 묘사한다. 위 시의 첫 행은 이처럼 시상의 전개에 있어서, 매우 흥미로운 도입부를 펼쳐 보인다.
　요컨대, "강"은 시인이 바라보는 길(차선)의 이미지와 메로나의 개입과 차 안에 퍼진 메로나의 냄새로 인해 마침내 도달한 창조적인 시적 이미지를 생성해 내었다. "강에서 메로나 맛이 난"다는 결구는 곧 첫 행의 도입 부분과 완벽한 짝을 이루기에 충분하다. 결구의 표현은 실상 차가 달리다 멈추었고, 차에는 메로나 냄새가 난다는 의미일 것이다.
　이처럼 시인의 상상력은 지극히 사소한 경험에서 비롯되는데, "메로나가 트렁크 아래로 흘러내린 흔적" 때문에 시상이 펼쳐졌으며, 차에 낀 그 "빈 봉지를 두고" 젖은 형체의 '강'으로 몸을 바꾼 메로나가, 과연 "어디로 흘러간 것"인지를 추적하는 과정에서 '강'의 표상이 점차 드러나게 된다. 무릇 시인의 잦은 습관이었을 것인 "종일 어쩌지 못한 시간"을 "강에 가서" 보내던 경험이, 녹아내린 메로나의 (물)길과 작동하면서 시인은 "봉지 없이도 가볍게 몸을 띄운 메로나가 강물처럼 느리게 흘러간다는 시적 표현에 다다르게 된 것이라 할 수 있다.

나는 강물을 가진 사람
귀에서 강물이 흘러나온다

성 밖, 강 물살에 씻기고 씻겨 얼굴이 희미해진 사람들이
푸르게 흘러가는 걸 본다
먼 푸르름에 젖기 위해서는
성곽을 따라 부지런히 움직여야 한다
그래야 강물의 먼 끝자락에라도 발을 담글 수 있다
강 안개에 갇혀, 한발 늦게 흐르는 그런 숙연함으로

어두워진 바람이 강물에 스치자
한 마리의 물고기처럼 둥근 포물선을 그렸다가 얼굴을 묻고
이제 강물로 쉬지 않으며
물고기도 견딜 수 없는 숨처럼 흘러간다

때로 성벽 노을이 불타오를 때면
그 불길에 몸이 흔들려 검붉어지기도
그러면 다시 그런 것들을 강바닥으로 가라앉히기 위해
  희미해진 얼굴들, 그 흔들리지 않는 푸르름에 다시 몸을 적시기도
  그리고 나면, 단 한 번도 타오르는 불길 속을 다녀온 적이 없는 사람처럼

푸르른 생각들이 또 솟아오르는

늘 목마르다 푸르름에
저녁 어스름, 흐르는 존재들이 모두 희미해지고
나와 하나로 합쳐진다
강물에 입술을 적신 나는
강물이 된 사람
―「사람」 전문

그런데 위 시 「사람」은 이번 시집의 두 번째 자리에 위치한 시로서, 앞서의 시 「강」에서 표출된 정서와 연계되고 관련된다. 황정자 시인은 위 시의 결구에 "강물에 입술을 적신 나는/ 강물이 된 사람"이라 적시하고 있다. "강"에 대한 시인의 인식과 몰입이 '나'라는 직접적 대상이 아니라, '사람'이라는 일반 명사에 가닿으면서 시적 화자는 좀 더 객관화되고 있다.

그런데 시 「사람」에서 첫 행 "나는 강물을 가진 사람"과 이 마지막 행 "나는 강물이 된 사람"은 수미상관을 이루고 있는데, 매우 주의 깊게 보아야 할 싯구라 할 수 있다. 이른바 "강물을 가진 나"는 연신 강물의 소리를 "귀" 기울여 듣는 사람으로 확장되어 나아간다. 또한 "강 물살에 희미해진" 사람들을 목도한 "나"는, "먼 푸르름에 젖기 위해" 부지런히 흘러가는 "강"이 되기도 한다. 그러니까 나는 종국에 이르러 강 자체 즉 강물을 가진 사람이자 강물이 된 사람이 된다.

그러므로 위 시의 제목 "사람"은 시제로도 사용되었지만 매우 의미심장한 단어다. "사람"은 황정자 시인이 "나"를 객관화하는 방식이 사물로서의 나를 대면하는 태도로 잇닿아 있다는 사실을 드러내기 때문이다. 곧 "나"가 아닌, 이 "사람"은 실상 함의하는 바가 매우 넓고 깊다.

황정자 시인은 "이제 강물로 쉬지 않으며" "숨처럼 흘러가"는 강의 본성을 적극적으로 닮아가려 한다. 그것은 '사람'이 '강' 처럼 흘러야 한다는 의미일 것이다. (그러므로 시 「사람」과 시 「강」은 함께 읽어야 제대로 맛이 난다)

위 시는 자연과 하나가 된, 즉 혼연일체된 사람의 본성과 태도가 직관적으로 드러난 시라 할 수 있다. 황정자 시인이 품은 시적 태도이자 이와 같은 전언傳言은, 「강」과 「사람」이 서로 어떻게 연관되고 이어지는지를 통해 이번 시집의 서막을 한껏 열어제치고 있다.

꽃샘 추위를 뚫고 나온 벚꽃
버스정류장 앞에서 버스를 기다린다
갑작스레 우박 섞인 비가 쏟아진다
발을 동동 굴러도
기다리는 마음
빗소리에 섞여 사라지는

비에 푸른 입술들 쓸려간다

꽃 피어서 누군가를 기다렸던 것 같아
낭떠러지로 쓸려가면서도
이마에 손을 얹고 멀리 내다본 적이 있었던
＜

> 비를 따라가면서도
> 기다리던 버스가 금방이라도 올 것 같은지
> 푸른 입술들이 도로 위에 끝도 없는 돗자리를 깔고
>
> 벚나무 잔가지도 툭툭 부러져 내리고
> 아무도 기억하지 못할 기다림
> 퉁퉁 불은 입술로 쓸려가고 있다
> 다시는 못 올 벚꽃잎
> ―「푸른 입술들」 전문

 버스를 기다리는 흔한 일상의 경험 속에서도 황정자의 시는 구체적이고 선명하게 움튼다. 위 시의 시상을 따라가 보면, "푸른 입술들"은 비 오는 날, 버스정류장에서 버스를 기다리는 많은 사람들의 새파래진 모습을 환유한 표현이다. 이른바 꽃샘추위가 한창인 이른 봄에, 버스정류장 앞에서 버스를 기다리는 사람들이 갑작스레 떨어진 우박처럼 굵은 빗줄기를 마주한 순간이 주의 깊게 목도된다.
 시적 화자는 발을 동동 굴리지만 이내 마음이 먼 곳을 응시하며 뭔가를 "기다리는 마음"에 젖어 들게 된다. 그 기다림은 어느새 버스였다가 과거의 누군가로 다르게 휩쓸려간다. 시적 화자는 한때 빗속에서도 "꽃 피어서 누군가를 기다렸던" 일을 떠올린다. 이 "기다리는 마음이 빗소리에 섞여 사라지"는 것은 진정 아닐 터이기에, 비에 젖은 사람들의 "푸른 입술들"을 통해, 시인은 다시금 떠오른 기다림의 순간을 포착하기에 이른 것이다.
 그러나 그 비에 젖은 기다림은 종종 "아무도 기억하지 못할 기다림"으로 잊혀지기에, 정녕 기다리는 마음은 빗속에서 "푸른 입술"의 흔적만을 남기고 흩어지고 만다. 이처럼 황정자 시인에게 떠나고 다시 돌아오는 버스정류장은 만남과 이별을 이어주는데, 그것은 '기다림'으로 파생된 마음의 감정으로 젖어들고 있다.

버스를 기다린다
초조하게 움직이는 발자국보다
먹구름이 먼저 고개를 들고 기다리는

콜록콜록 전화기 너머
아이의 기침소리 다시 들려올 때면
먹구름이 더욱 짙어지는

버스는 느리게 느리게 온다

반찬 몇 가지와 밥을 가득 담은 장바구니
초조하게 시계를 보다
간이 의자에 앉았다가 일어섰다가

정류장에서 마주친 한 아주머니
요양병원 다녀온 얘기를 간이 의자에게 털어놓는다
그 등에 딱 붙어 달그락거리는 빈 반찬통들
눈빛 스칠 때마다
서로의 눈동자 속 붉은 핏줄을 타고 울음 맺히는

먹구름이 데려다준 버스가 막 도착하자
<

> 백팩 뒤로 줄을 선다
> 한 발 한 발 느리게 버스에 오른다
> 아이로 가득 찼던 마음을 뒷 호주머니에 넣고
> 뒤에서 백팩을 밀어 올려준다
> ─「기다린다는 것」 전문

그렇지만 시인의 기다림은 어찌 되었던 '과거형'은 아니다. 돌올한 현재를 버티게 하는, '미래지향적'인 '기다림'이라 할 수 있겠다.

위 시는 '기다리는 것'의 의미가 좀 더 구체적인 일화를 통해 드러난다. 시인의 기다림은 무릇 "전화기 너머" "아이의 기침 소리"로 가득 찼던 안타까운 마음(모성)을 대신하는 "반찬 몇 가지와 밥을 가득 담은 장바구니"로 구체적인 대상에 대한 기다림을 표현하거나, "요양병원을 다녀온 달그락거리는 빈 반찬통"으로 그득한 아주머니의 효심을 "뒷 호주머니에 넣고/ 뒤에서 백팩을 밀어 올려주"는 마음의 소용돌이를 느끼면서 표출된다. 그것은 "아이"를 향한 모성만큼이나 부모 세대에 대한 효심의 아름다운 마음을 주시한, 시인이 삶을 위로하는 한 방식으로서 표출된다.

위 시에서 "아이"는 기다림의 대가代價로 부여된 화자의 무거운 책무지만, "요양병원"은 "한 발 한 발 느리게" 가닿는 사랑의 마음으로 "뒤에서 백팩을 밀어 올려주"는 힘의 원천을 드러낸다. 그렇게 시인은 종내에 자신의 삶을 반성하면서 아이에서 노인까지 그 삶을 위로하는 방식으로 '기다리는' 일에 관심을 두고 있다.

난 십 일 동안의 신부야

긴 겨울을 건너오느라 뼛속까지 말라버린 모래 같은 꽃
오는 길이 나무뿌리 불룩 솟아오른 보도블럭이라 울퉁불퉁
하여도
드레스 긴 끝자락을 끌며 오는

꽃이 모래처럼 떨어지는 걸 본 적이 있지

너를 만나서
너를 이해하며
같이 살고 싶지만

입안에서 모래가 까끌거려
씹어 먹지도 못하고 삼킬 수도 없는
나무에 핀 꽃일 때는
자주 잊곤 하는
나는 모래

너를 만나기도 전에
모래로 흩날리며 꽃을 피웠던 날들

꽃잎을 건너가는 푸른 날들

봄비가 온다
가던 발길과는 다른 곳으로 발을 들여야 할 때
늘 다른 곳의 길 끝에 서서 다시 신부로 돌아와 줄 나를 기
다린다
　　　　　　　　　　―「우리의 벚꽃」 전문

그런데, 위 시에서 행복은 딱 "십 일"이란 사실이 환기된다. 행복은 벚꽃처럼 잠깐(10일) 피고, 나머지의 생은 모두가 기다리는 일로 점철된다.

이제 시인은 "너를 만나서/너를 이해하며 같이 살고" "꽃을 피웠던 날"은 잠깐의 행복처럼 사라지고 있음을 인정한다. 이렇듯 모두가 기다리는 일들 속에서 이루어진 '너를 기다리는 일'또한 어느새 나를 천천히 되돌아보면서 늘 다른 곳의 길 끝에 서서 다시 신부로 돌아와 줄 '나를 기다리는 일'이었음을 깨닫게 된다. 그러니까 시인은 "(벚)꽃이 모래처럼 떨어지는 것"을 통해 바라보고, 기다리는 일의 허무를 확인하고 있다.

기다려요
기다려주는 일도 낙서가 되는 걸요

기다리는 동안 다른 곳으로 자리를 옮기려는 오후 햇살
부스럭부스럭 가방을 챙기고 있어요
햇살 한 줄 남긴 공중에 남방큰돌고래 한 마리 매달아두고 떠나요

기다려주는 고래
양은 냄비에 그녀 생각을 끓이고 있어요

식어버린 바닥이 끓기를 기다리고 있어요
　　　　　　　　　　　-「낙서를 기다려요」 전문

위 시 「낙서를 기다려요」는 낙서를 하며 기다리는 일이, "기다려주는 일도 낙서가 된다"는 전제를 상기하게 만든다. 즉 '낙서를 하며 기다린다'는 의미를 전복시킨 시인의 사유와 상상력이 이렇듯 시어를 재배치하면서 그 의미를 되찾아가는 과정을 엿볼 수 있다. 즉 너를 기다리며 무수하게 쓴 낙서들이 함의하는 기다리는 마음이, 바로 너이자 나를 '기다리는' 일이면서도, 이 기다림이야말로 일상에 흔한 일이었음을 되뇐다. 이처럼 시인이 "식어버린 바닥이 끓기를 기다리"는 기다림의 행위는 황정자의 시에서 반복되고 있다. 과연 그에게 기다림은 바로 낙서처럼 잦은 일이자 반복적인 일이기 때문이다.

이외에도 시 「기다리는 꽃」은 기다리는 일이 꽃으로 열매 맺는 일에 이르는 (결과를 보여주는) 일임을 암시한다. 기다림은 "몇 번의 두드림에도 /기척 없는 대문"을 통해서 노인의 기다림이란 대문에 낀 "전단지"와 "대문"의 관계에서 보다 잘 드러난다는 점에서 이 기다림의 의미가 등치되어 있다. 결국 대문에 낀 오래 쌓인 "전단지"를 통해 인기척이 없는 노인의 삶 가운데에 우리는 "살아오면서 꽃이었던 순간"을 가만히 되짚어 보게 된다.

    안구건조증으로 눈도 오래되면 눈이 스스로 걷는 연습을 한다
    가끔, 버려진 동화책 속에서 필사적으로 살아나온 동물과 딱 눈이 마주칠 수도 있어

    건기에 몸집을 불린 얼룩무늬 기린

눈동자 위를 가만가만 걸어 아카시아잎을 찾아가는 중이다
금방이라도 찾을 것 같은 아카시아잎

내가 까맣게 잊고 있었던 것

눈에 보이지 않는 것은
그리 중요하지 않다고 여겼던 탓에 몸집만 커다란 기린 한 마리 키웠다
이제는 도저히 눈 밖으로 데려다 줄 수 없는

인공눈물 한 방울 떨어뜨린 허공
기린이 킁킁댄다
나는 거의 사라지고
아카시아잎이 눈물을 열고 있다

조금만 더 조금만 더,
나는 아카시아꽃 향기를 흠뻑 들이키고 있다
ㅡ「기린 데려다주기」 전문

  마지막으로, 표제작인 위 시 「기린 데려다주기」에 표출된 시인의 시적 상상력을 주목해 봐야 할 것이다. 시 「기린 데려다주기」는 황정자 시인의, 삶을 위로하는 독특한 방식을 유감없이 드러내고 있는 수작秀作이다.
  위 시는 "기린"이라는 대상이 "안구건조증"으로 인해 "건기"에 돌입한 눈동자에 살면서, 점차 그 몸집을 불리고 있음을 전제한다. 또한, "아카시아잎"은 기린이 눈동자의 눈물을 열어 다다르게 하는 '눈물길'을 인도하는 사물(안약)로 설정된다.

그러므로 "얼룩무늬 기린"을 눈 밖으로 "데려다 주"는 일이란 눈의 건기를 벗어나는 중차대한 일이어서 "아카시아잎"(안약)이 절대로 필요한 일이다.

황정자 시인은 "안구건조증"에 시달린 경험을 "기린"이 눈 속에 찾아와 둥지를 틀고 건기를 사는 일로 상상력을 발휘하면서 시적으로 형상화하고, 다시 이 기린을 눈 밖으로 빼내어 초원으로 '데려다 주'는 일을 구상했다. 이를테면 "얼룩무늬 기린"이 눈동자 위를 "가만가만 걸어 아카시아 잎을 찾아" 나선다는 등 안구건조 증세를 흥미로운 동물 이야기 즉 동화적 상상력으로 유감없이 시화詩化한다. 그러면서도 "내가 까맣게 잊고 있었던 것/ 눈에 보이지 않는 것은/그리 중요하지 않다고 여겼던" 마음의 태도를 스스로 되돌아본다.

이처럼, 주목하건대 황정자의 첫 시집 『기린 데려다주기』는 시인이 우리 주변의 일들을 관찰하며, 그간의 시간을 살아낸 경험을 특유의 시적 상상력으로 재현하면서, 시가 마침내는 삶을 위로하는 한 방식이자 기다림의 의미를 찾아가는 과정임을 잘 보여주고 있다.

시로여는 세상

기린 데려다주기

ⓒ 황정자

ISBN 979-11-94512-27-1 03810
eISBN 979-11-94512-28-8 05810

펴낸날 2025년 7월 1일
지은이 황정자
펴낸이 김용옥

펴낸곳 ㈜시로여는세상
등록일 2022년 1월 20일
등록번호 제2022-000021호
주소 03004 서울시 종로구 평창30길 44
편집실 03157 서울시 종로구 종로 19, B동 1616호 (르메이에르종로타운)
전화 070-8777-7185
이메일 poeticact2002@naver.com (총무부)
홈페이지 http://poeticact.com
SNS @ofpoeticact (https://www.instagram.com/ofpoeticact/)

제작 淸依 althor@naver.com

이 책은 <경상남도>와 <경남문화예술진흥원>의
「지역문화예술육성지원사업」에 선정되어
출판비를 보조받았습니다.

* 잘못 만들어진 책은 구입하신 서점에서 교환하여 드립니다.
* 이 책의 저작권은 저자에게, 출판권은 계약기간 중 ㈜시로여는세상에 있습니다.
* 정가는 뒤표지에 있습니다.